EXPLORADORES
DE LA HISTORIA

Cristóbal Colón

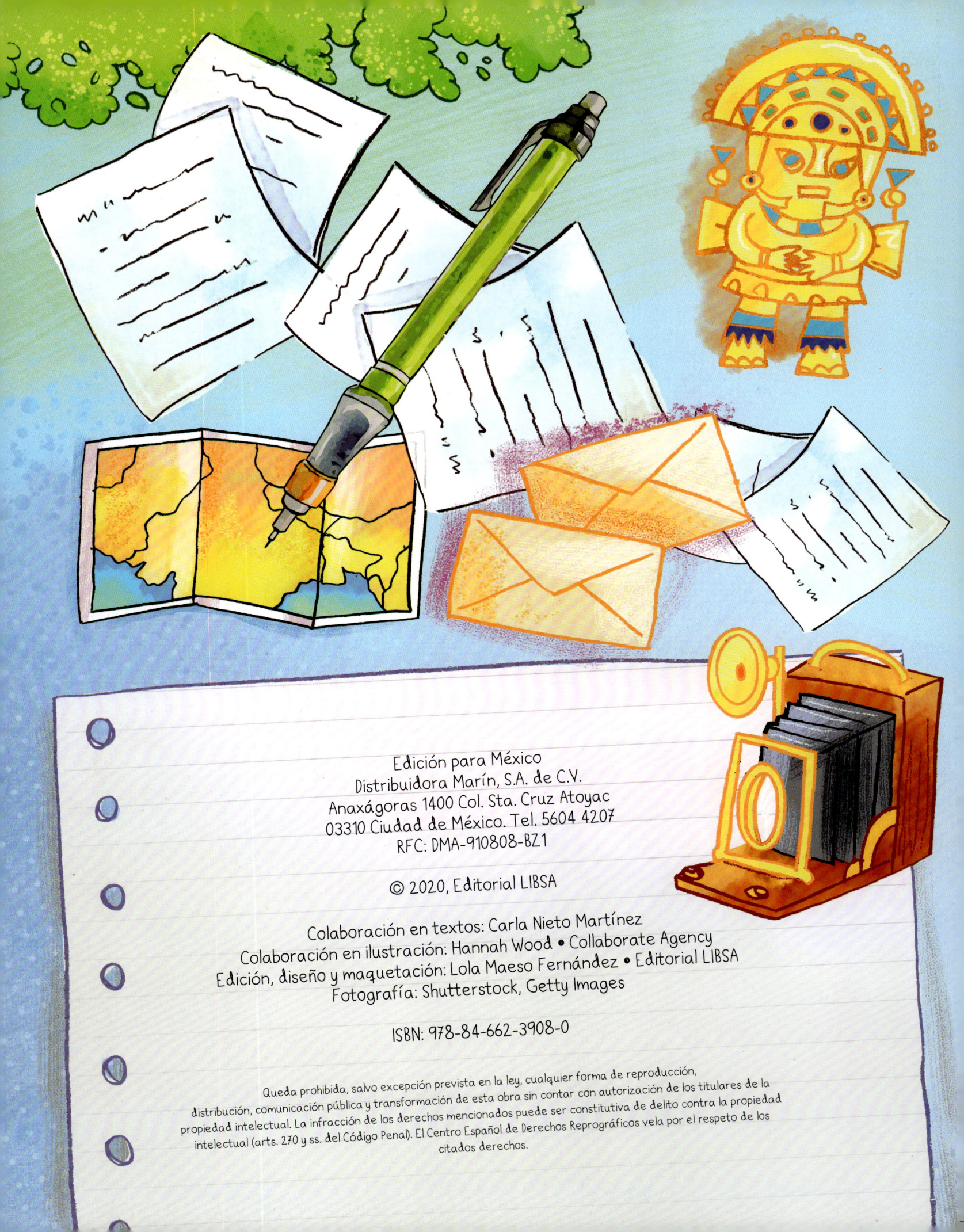

Edición para México
Distribuidora Marín, S.A. de C.V.
Anaxágoras 1400 Col. Sta. Cruz Atoyac
03310 Ciudad de México. Tel. 5604 4207
RFC: DMA-910808-BZ1

© 2020, Editorial LIBSA

Colaboración en textos: Carla Nieto Martínez
Colaboración en ilustración: Hannah Wood • Collaborate Agency
Edición, diseño y maquetación: Lola Maeso Fernández • Editorial LIBSA
Fotografía: Shutterstock, Getty Images

ISBN: 978-84-662-3908-0

Queda prohibida, salvo excepción prevista en la ley, cualquier forma de reproducción, distribución, comunicación pública y transformación de esta obra sin contar con autorización de los titulares de la propiedad intelectual. La infracción de los derechos mencionados puede ser constitutiva de delito contra la propiedad intelectual (arts. 270 y ss. del Código Penal). El Centro Español de Derechos Reprográficos vela por el respeto de los citados derechos.

CONTENIDO

Introducción	4
Leif Erikson (970-1010)	10
Marco Polo (1254-1324)	14
Cristóbal Colón (1451-1506)	18
Francisco Pizarro (1478-1541)	22
Fernando de Magallanes (1480-1521)	26
Hernán Cortés (1485-1547)	30
Francis Drake (1540-1596)	34
John Smith (1580-1631)	38
James Cook (1728-1779)	42
Alexander v. Humboldt (1769-1859)	46
Charles Darwin (1809-1882)	50
David Livingstone (1813-1873)	54
Heinrich Schliemann (1822-1890)	58
Isabella Bird (1831-1904)	62
Roald Amundsen (1872-1928)	66
Edmund Hillary (1919-2008)	70
Jacques Piccard (1922-2008)	74
Armstrong, Aldrin y Collins	78
Otros exploradores	82

INTRODUCCIÓN

Valientes, aventureros, curiosos… ¡e imparables!

Para poner en marcha cualquier hazaña se necesita una gran dosis de espíritu aventurero, determinación, valor, arrojo, una buena planificación (aunque no está de más confiar en la suerte), mucha curiosidad y, también, un toque de locura. Todos los exploradores de los que hablamos en este libro reunían estas condiciones y gracias a ello hicieron importantísimos descubrimientos y hallazgos por todo el planeta.

Casi todos ellos vivieron en una época en la que no había teléfonos, ni GPS, ni ordenadores, ni internet, ni aviones, ni coches… Y, sin embargo, recorrieron miles de kilómetros, llegando a lugares en los que nadie nunca antes había puesto el pie y enfrentándose a los mil y un contratiempos que les salieron al paso, sin desfallecer nunca y luchando hasta conseguir la meta que perseguían al emprender sus viajes y exploraciones.

La Ruta de la Seda

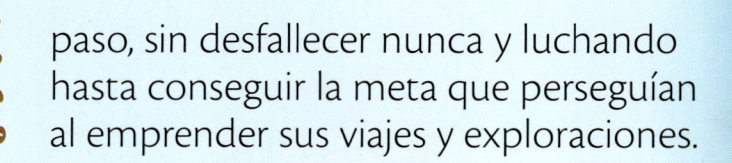

Una de las épocas de oro de los exploradores fue la Edad Media, y la primera «exploración-manía» se produjo alrededor de lo que se llamó la Ruta de la Seda. Los europeos de la época estaban fascinados con las especias, las piedras preciosas y las telas, especialmente la seda, que procedía de la «Lejana Asia» (China, Indonesia), y fueron muchos los que se pusieron a buscar una vía marítima más rápida entre Europa y Oriente, pero solo uno lo consiguió: un joven veneciano llamado **Marco Polo.** Cuando a los 17 años se embarcó junto a su padre y su tío, comerciantes y navegantes ambos, rumbo a Asia, no se podía imaginar que iba a tardar 25 años en volver a Europa, que iba a vivir tantas aventuras y, tampoco, que el libro en el que las contaba detalladamente iba a ser tan importante para exploradores posteriores.

Marco Polo

Magallanes

Uno de ellos fue el portugués **Fernando de Magallanes,** quien partió rumbo a las Islas Molucas con la intención de encontrar un camino alternativo a las rutas comerciales con oriente y lo que hizo fue dar la primera vuelta al mundo por mar (además de descubrir el estrecho que lleva su nombre).

El Nuevo Mundo

De todos los descubrimientos de la Historia, uno de los top ha sido sin duda el de América, una tierra que por esa época era conocida como el Nuevo Mundo y que revolucionó no solo la geografía planetaria sino también el mundo de la navegación. El primero en llegar fue **Cristóbal Colón,** quien por cierto, no lo tuvo nada fácil cuando se puso a buscar un «patrocinio» para su expedición y que murió convencido de que adonde había llegado era a las Indias Occidentales.

Francisco Pizarro sí que tenía muy claro qué continente pisaba cuando se puso al frente de las tropas que descubrieron Perú y conquistaron Cuzco, capital del Imperio Inca. Otro Imperio, el Azteca, en México, fue el que conquistó **Hernán Cortés,** a quien el líder Moctezuma no se lo puso nada fácil. También el Nuevo Mundo, en este caso Norteamérica, fue el territorio donde el inglés **John Smith** llevó a cabo importantes expediciones, fundó el primer asentamiento permanente de los británicos en este continente y todavía le quedó tiempo para protagonizar una historia de amor con la nativa Pocahontas.

Cristóbal Colón

David Livingstone

Asia, África y las Antípodas

Muchos siglos después de que Marco Polo pusiera de moda Asia, los encantos de ese continente cautivaron al británico **David Livingstone,** cuyo sueño era viajar como misionero a China pero a quien el destino llevó a África, una tierra de la que ya no se quiso ir jamás y en la que hizo descubrimientos tan importantes como las espectaculares Cataratas Victoria. Por cierto, en el capítulo dedicado a su vida descubrirás el origen de la famosa frase: «El Dr. Livingstone, supongo…».

Y de Gran Bretaña era también el navegante, explorador y cartógrafo **James Cook,** a quien sus dotes para el dibujo y la astronomía le vinieron muy bien para «colarse» al frente de la expedición que situaría a Oceanía en los mapas y en la que se descubrieron importantes islas del Pacífico, como Hawái.

Expediciones bajo cero

Uno de los primeros aventureros en atreverse a desafiar el termómetro fue el islandés **Leif Erikson,** perteneciente a una familia de navegantes y exploradores vikingos, un pueblo que en el siglo X era imparable, gracias en parte a sus robustas embarcaciones, atreviéndose incluso con las tormentosas aguas del Atlántico Norte y siendo, según los crónicas, los primeros europeos en poner el pie en tierras americanas. Erikson descubrió Groenlandia y la actual Terranova, en Canadá, a la que llamó «Vinland» (tierra del vino).

Muchos siglos después, un joven noruego, **Roald Amundsen,** plantaba cara a los rigores del invierno durmiendo con la ventana abierta y

James Cook

bañándose en agua helada con un único objetivo: prepararse para conseguir ser el primer hombre en pisar el Polo Norte, pero al enterarse de que este había sido ya descubierto (lo que luego resultó ser una *fake new* de la época), centró todos sus esfuerzos físicos e intelectuales en programar al milímetro la expedición con la que, tras una dura competencia con el inglés **Robert Scott,** coronó ese extremo del planeta con el que tantos años llevaba soñando.

La curiosa «especie» del científico explorador

Dos naturalistas, el inglés **Charles Darwin,** considerado el padre de la Biología moderna, y el alemán **Alexander Humboldt,** creador de la Geografía como la entendemos hoy en día, tenían muchas cosas en común; la más significativa es que tanto uno como el otro llevaban siempre una libreta en la mano en la que anotaban con detalle todo aquello que llamaba su atención. Darwin vivió un siglo antes que Humboldt y aunque le presionaron a seguir con la tradición familiar (era hijo y nieto de médico), lo suyo no era el bisturí sino la Botánica, una ciencia a la que se dedicó con tal pasión que le permitió ser elegido para, en calidad de «naturalista», formar parte de una importante expedición que a bordo del barco Beagle recorrió durante cinco años la costa sur de América. Darwin, en su línea, apuntaba todas las especies vegetales y animales que iba descubriendo en la travesía y esas anotaciones no solo cambiaron la historia de la Botánica, sino que fueron la base de su famosa «Teoría de la evolución».

Heinrich Schliemann

Sudamérica también fue el «campo de trabajo» de Humboldt, quien recorrió toda la zona de norte a sur haciendo numerosos descubrimientos tanto geográficos como biológicos de los que dio buena cuenta en los numerosísimos libros y catálogos que escribió a la vuelta de su etapa más «aventurera».

Un pirata, un «friki» de la Antigüedad y una viajera todoterreno

En el variopinto universo de personalidades y «profesiones alternativas» que configura el mundo de los exploradores destaca un pirata, **Francis Drake,** que además de ser un virtuoso en lo suyo –o sea, asaltar las flotas y territorios enemigos y, de paso, saquear algún que otro barco o poblado–, era un excelente navegante y explorador, a lo que unía unas más que efectivas dotes para la política y la diplomacia. Fue el personaje más influyente de su época y una pieza clave en la defensa del poderío marítimo inglés.

Al igual que Amundsen, el alemán **Heinrich Schliemann** creció con una idea fija en la mente: si en el caso del noruego era el Polo, en el de Schliemann se trataba de Troya, la mítica ciudad de la que hablaba su libro de «cabecera»: La *Iliada*, de Homero. Y no paró hasta conseguir dar con sus ruinas y excavarlas, demostrando a los más escépticos que no era una invención del autor griego, sino que se trataba de una ciudad que había existido en realidad.

Casi tan cabezota como Schliemann era la lady inglesa **Isabella Bird,** quien con sus viajes demostró la equivocación de los médicos que auguraron que pasaría el resto de su vida en una silla de ruedas a causa de una lesión de espalda. Aunque tuvo que hacer frente a intensos dolores, Bird inició su «tour»

Isabella Bird

viajero en Honolulú… y ya no paró, dejando unos estupendos relatos de sus aventuras entre las que destacan las que vivió en las Montañas Rocosas.

Lo más alto, lo más profundo… y un paseo por la Luna

El siglo XX ha presenciado tres de los hitos más importantes en lo que a hazañas se refiere. El primero lo protagonizó el alpinista y escalador neozelandés **Edmund Hillary** cuando en 1953, en compañía del sherpa **Tenzing Norgay,** coronó la cima del Everest, la montaña más alta del planeta, situada en la cordillera del Himalaya, a 8.848 m sobre el nivel del mar. Hillary es otro de los exploradores que se entrenó a fondo toda su vida con el objetivo de lograr su hazaña, que no fue la única, ya que tiene en su haber un importante «curriculum» de récords y expediciones.

Neil Armstrong

Edmund Hillary

Tenzing Norgay

Por su parte, el oceanógrafo **Jacques Piccard,** hijo del famoso inventor y explorador Auguste Piccard, tenía un objetivo claro y definido: descender al punto más profundo de la Tierra, la Fosa de las Marianas. Y lo consiguió dentro de un batiscafo fabricado por él, y en compañía del oficial de marina norteamericano **Don Walsh.** Era el 23 de enero de 1960 cuando ambos alcanzaron una inmersión de 10.911 m bajo el mar.

Y qué mejor broche para las hazañas tanto del siglo XX como de todas las que se narran a lo largo de estas páginas que la llegada del hombre a la Luna, protagonizada por **Neil Armstrong, Buzz Aldrin** y **Michael Collins** y que, como bien dijo el primero de ellos, supuso «un pequeño paso para el hombre, pero un gran paso para la humanidad…».

Leif Erikson
(970-1010)

Groenlandia
América
Europa

A los miembros de la familia del navegante y explorador vikingo Leif Erikson les encantaban los retos y las emociones fuertes, y gracias a ello fueron descubiertas tierras como Groenlandia o la actual Terranova…

Fui un aventurero vikingo nacido en Islandia: mi nombre, Leif, y mi apellido, Thorvaldsson, pero soy más conocido como Leif Erikson, o lo que es lo mismo, el «hijo de Erik». Y ese Erik no era un Erik cualquiera, sino que se trataba del mismísimo Erik el Rojo, el descubridor e impulsor de una zona de la Tierra hasta entonces (estamos hablando del siglo x) desconocida: Groenlandia.

Papá no solo llegó a este territorio (si fue el primero en pisarlo o no aún está por ver) sino que lo «vendió» estupendamente a sus compatriotas, dándole un nombre lo suficientemente atractivo (Groenlandia significa «tierra verde») como para que muchos de ellos se decidieran a abandonar la fría Islandia para embarcarse hacia esta nueva tierra en la que los Thorvaldsson (mis padres, mis dos hermanos y yo) ya llevábamos una temporada instalados.

Todos los hermanos heredamos el espíritu inquieto y aventurero de papá, pero yo era el más intrépido, así que a los 20 años me hice a la mar con la idea de cubrir el trayecto de Groenlandia a Noruega. Tras una serie de contratiempos, llegué finalmente a Oslo, donde me convertí en el protegido del rey Olaf, quien me hizo un encargo muy importante: dar a conocer el cristianismo a la población de Groenlandia.

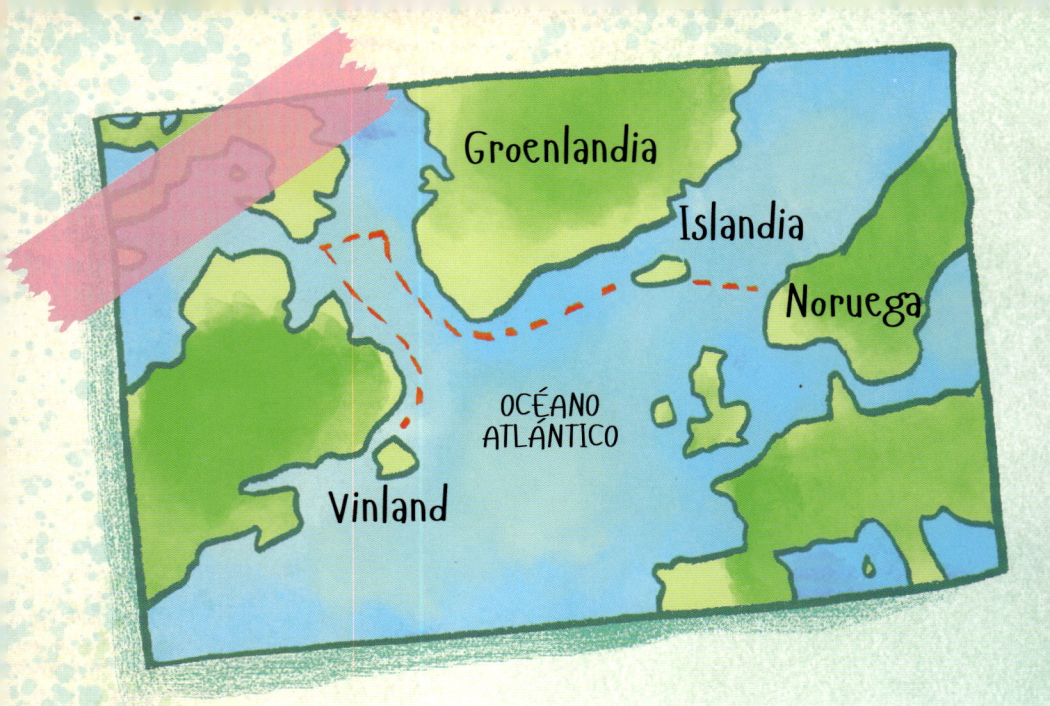

Así lo hice, pero enseguida me volvió a picar el «gusanillo» de la aventura, cuando me llegó el rumor de que un colega vikingo, Bjarni Herjulfsson, había llegado por casualidad a un territorio desconocido en América del Norte, pero debido al mal tiempo, la tripulación no había bajado a tierra. «Pues habrá que poner el pie allí», me dije. Y hacia ahí me embarqué, junto a otros 35 valientes, descubriendo un lugar lleno de campos de trigo y, sobre todo, de viñas, por lo que lo llamamos Vinland («Tierra del vino»).

L'Anse aux Meadows

¡Qué curioso!

Cuando en la década de 1960 los arqueólogos empezaron a excavar el yacimiento encontrado en la localidad de L'Anse aux Meadows, en Terranova (Canadá), descubrieron un fuerte en muy buen estado, el mismo que habían construido Leif y sus hermanos durante su estancia en la zona. Se trata de una mini-ciudad muy organizada: tres grandes cabañas (en una de ellas nació el sobrino de Leif, Snorri, el primer bebé europeo nacido en el Nuevo Mundo), un horno para fundir hierro y muchos objetos vikingos típicos de la época en la que vivió Erikson.

Allí construimos un asentamiento, L'Anse aux Meadows, cuyos restos, muchos siglos después, demostraron que los vikingos fuimos los primeros europeos en habitar esa zona del continente americano.

Tuve que volver a Groenlandia para ocupar el cargo de jefe del poblado a la muerte de mi padre, dejando el gobierno de Vinland en manos de mis dos hermanos, Thorvald y Thorstein. Nunca más regresé.

ANÉCDOTAS DE LEIF

«Aunque no está confirmado, algunos datos apuntan a que antes de embarcarse hacia el Nuevo Mundo, Cristóbal Colón hizo un viaje a Islandia para estudiar las crónicas que había sobre mis viajes. ¡Todo un honor!».

«Se cuenta que en uno de mis viajes me topé con la tripulación de un barco que había naufragado. No dudé en subir a los náufragos a mi nave y hospedarlos en Vinland durante el invierno. Agradecidos, me regalaron la valiosa carga que llevaban a bordo, y desde ese momento me empezaron a llamar Erik el Afortunado».

Logros de Leif

* Erikson fue el primer europeo que pisó suelo norteamericano. Lo hizo en el siglo x (unos 500 años antes de los viajes de Cristóbal Colón a tierras americanas).

* Por encargo del rey Olaf Tryggvason de Noruega, dio a conocer la religión cristiana, que era la que se estaba adoptando en Islandia, a los pobladores de Groenlandia.

* Antes de establecerse en Vinland (Terranova en la actualidad), Leif y su tripulación también descubrieron la isla de Baffin, al norte de Canadá (la llamaron «Helluland» o «Tierra de piedras planas») y las costas del sur de la península del Labrador (territorio que denominaron «Marklandia» o «Tierra de bosques»).

Marco Polo
(1254-1324)

EUROPA

Venecia

MAR MEDITERRÁNEO

Acre

Jerusalén

ÁFRICA

Persia, China, Birmania, Sumatra... Los renacentistas europeos no sabían cómo eran estos países tan exóticos ni dónde estaban exactamente. Hasta que un intrépido joven, Marco Polo, se embarcó en la aventura de descubrir qué había al otro lado de la «Ruta de la Seda», una vía comercial por la que llegaban a Europa joyas, especias y otras mercancías valiosas procedentes de esas tierras desconocidas.

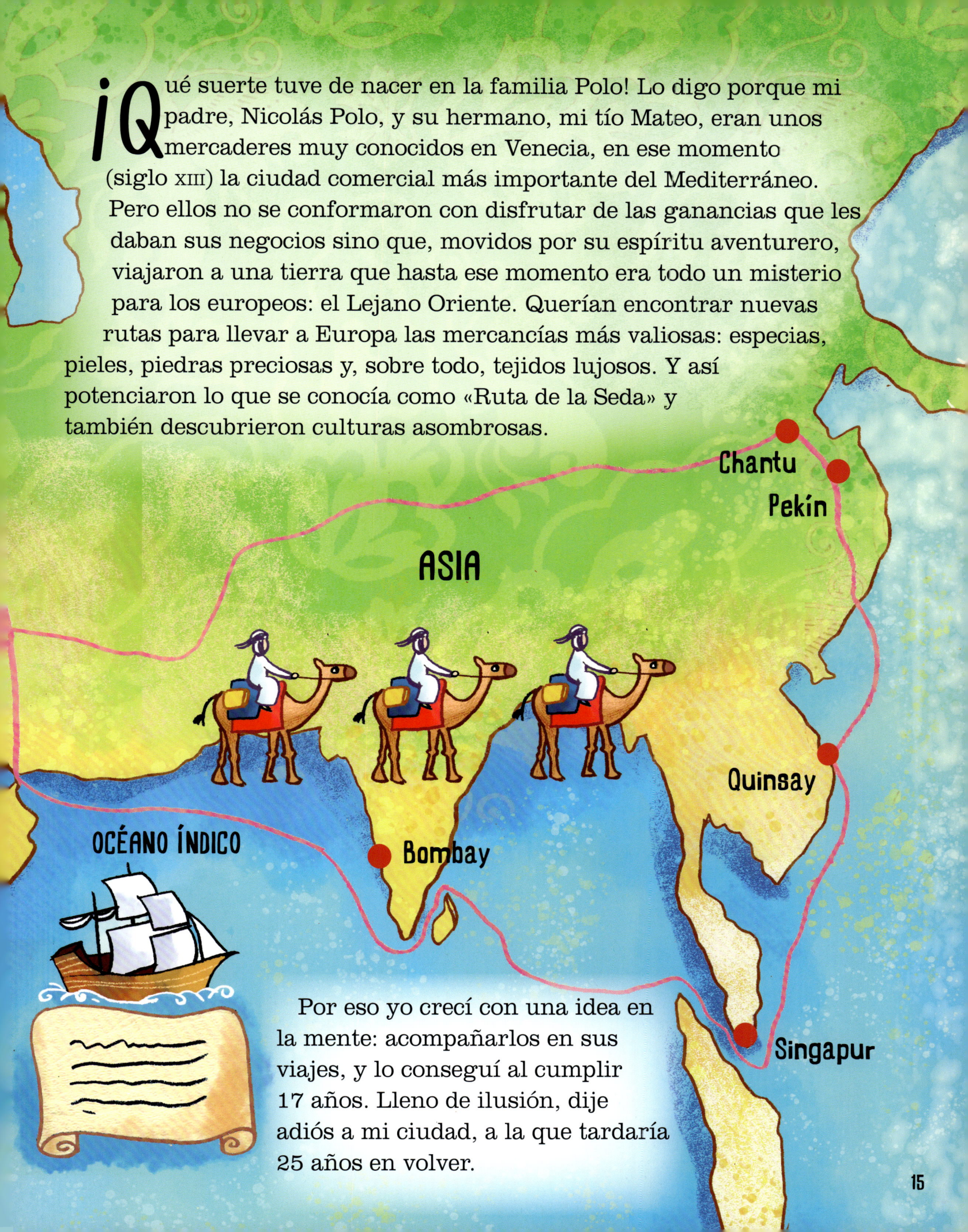

¡Qué suerte tuve de nacer en la familia Polo! Lo digo porque mi padre, Nicolás Polo, y su hermano, mi tío Mateo, eran unos mercaderes muy conocidos en Venecia, en ese momento (siglo XIII) la ciudad comercial más importante del Mediterráneo. Pero ellos no se conformaron con disfrutar de las ganancias que les daban sus negocios sino que, movidos por su espíritu aventurero, viajaron a una tierra que hasta ese momento era todo un misterio para los europeos: el Lejano Oriente. Querían encontrar nuevas rutas para llevar a Europa las mercancías más valiosas: especias, pieles, piedras preciosas y, sobre todo, tejidos lujosos. Y así potenciaron lo que se conocía como «Ruta de la Seda» y también descubrieron culturas asombrosas.

Chantu
Pekín

ASIA

Quinsay

OCÉANO ÍNDICO
Bombay

Singapur

Por eso yo crecí con una idea en la mente: acompañarlos en sus viajes, y lo conseguí al cumplir 17 años. Lleno de ilusión, dije adiós a mi ciudad, a la que tardaría 25 años en volver.

KUBLAI KAN

La primera parada de esa travesía, cuyo destino eran China y Oriente, fue la corte de Kublai Kan, quinto emperador de los mongoles, quien se mostró encantador con nosotros y nos brindó todo tipo de privilegios. Yo me convertí en su mano derecha y gracias a eso pude viajar por países que no aparecían en los mapas y llevar a cabo misiones secretas, muchas de ellas peligrosas.

Siempre aceptaba encantado todos los encargos del emperador, y como era muy curioso y observador, anotaba todo lo que veía, algo que me vino muy bien después, cuando reflejé en un libro mis experiencias. Cuando murió nuestro protector, decidimos que ya era el momento de retornar a casa, pero antes me esperaba una aventura más: a la vuelta, me vi envuelto en medio de una batalla entre genoveses y venecianos, y fui hecho prisionero durante casi dos años. Ya no me moví de casa, aunque siempre eché de menos mis andanzas por tierras lejanas….

Un best-seller… a cuatro manos

Marco Polo recogió todas sus hazañas en una obra titulada «Libro de las Maravillas del Mundo». Lo hizo durante su estancia en la cárcel… pero no la redactó él, sino su compañero de celda, el escritor Rustichello de Pisa, quien puso sobre el papel, palabra por palabra, todos los viajes, aventuras y anécdotas que Marco le dictaba. Sigue siendo considerado en la actualidad el libro de viajes más famoso de toda la Historia, y marcó un antes y un después en la historia de los descubrimientos. Fue todo un éxito y a Marco Polo le permitió vivir muy bien el resto de sus días en su palacio veneciano…

Logros de Marco Polo

* Sus viajes permitieron convertir a la Ruta de la Seda en una potente vía comercial, que fue importantísima para el comercio entre Oriente y Occidente durante el Renacimiento.

* Sus hazañas por distintos países y la descripción detallada que hizo de ellas fueron clave para conocer las características y la forma de vida de la zona de Asia Central, un territorio hasta entonces desconocido en Europa.

* Su «Libro de las Maravillas del Mundo» fue durante mucho tiempo el modelo de referencia para diseñar los primeros mapas que se hicieron sobre el Lejano Oriente y que sirvieron como punto de partida para las expediciones de muchos exploradores.

Muchas de las vivencias que Polo califica en su libro de «asombrosas» tienen una explicación lógica en la actualidad, pero en el siglo XIII parecían cosa de magia. Por ejemplo, habla de unas rocas que por la noche se encendían y daban mucho calor (hoy sabemos que se trataba de hulla, un mineral abundante en China y que por entonces era desconocido en Europa).

FRASES DE MARCO POLO

«Sin piedras no hay arco».

«Yo hablo y hablo, pero los que me escuchan solo se quedan con las palabras que ellos esperan oír. No es la voz la que manda cuando cuentas una historia: es el oído».

«Y ni siquiera he contado ni la mitad de lo que vi… porque sabía que no me creerían» (lo dijo antes de morir, para defenderse de los que le llamaban «cuentista»).

Cristóbal Colón
(1451-1506)

Aunque hay dudas sobre si Cristóbal Colón fue realmente consciente de que había descubierto un nuevo continente (hay quien dice que hasta el final de sus días estuvo convencido de que había llegado a las Indias Occidentales), lo cierto es que la hazaña de este navegante genovés marcó un antes y un después en la historia de la humanidad.

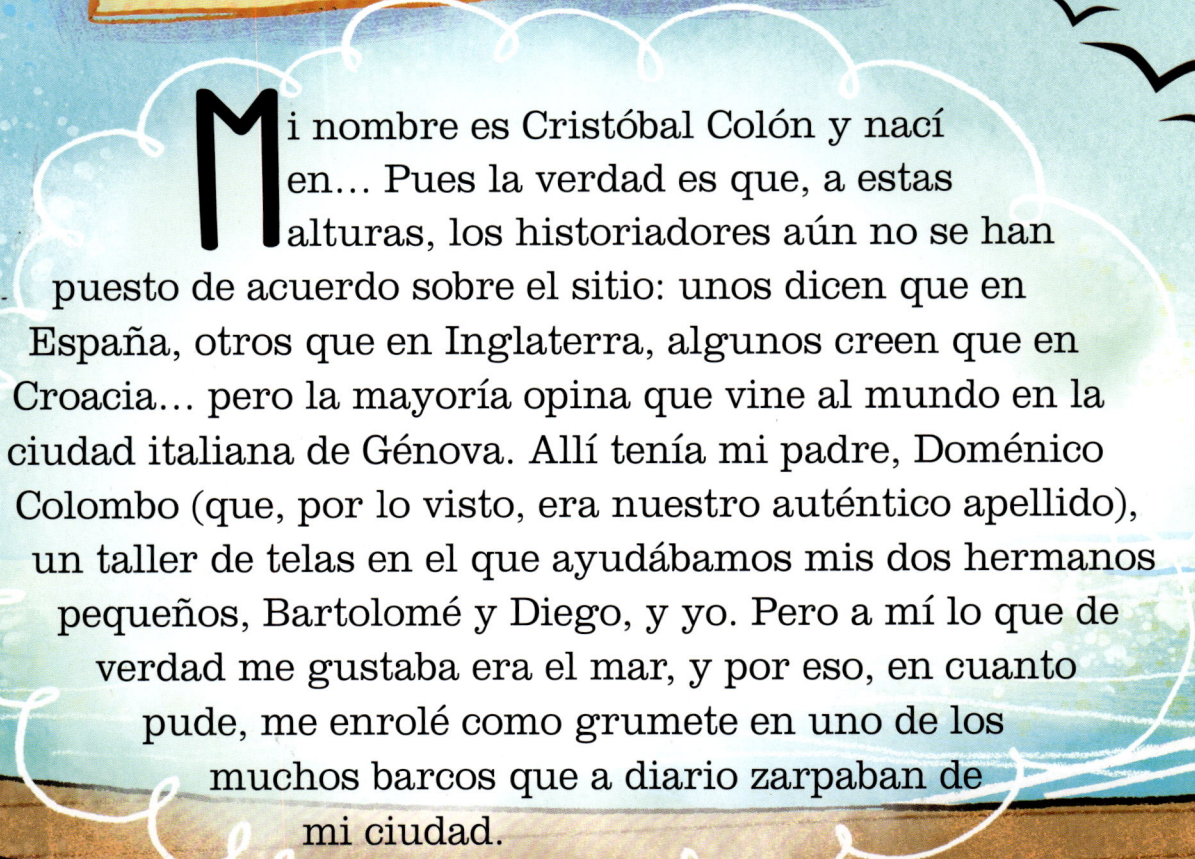

Cristóbal Colón

Mi nombre es Cristóbal Colón y nací en... Pues la verdad es que, a estas alturas, los historiadores aún no se han puesto de acuerdo sobre el sitio: unos dicen que en España, otros que en Inglaterra, algunos creen que en Croacia… pero la mayoría opina que vine al mundo en la ciudad italiana de Génova. Allí tenía mi padre, Doménico Colombo (que, por lo visto, era nuestro auténtico apellido), un taller de telas en el que ayudábamos mis dos hermanos pequeños, Bartolomé y Diego, y yo. Pero a mí lo que de verdad me gustaba era el mar, y por eso, en cuanto pude, me enrolé como grumete en uno de los muchos barcos que a diario zarpaban de mi ciudad.

A partir de ese momento, pasé más tiempo embarcado que en tierra firme, y viví muchas aventuras, como aquella en la que, al arder mi barco frente a las costas de Portugal, me lancé al agua y, agarrado a un remo, nadé hasta tierra firme. Pasé un buen tiempo en tierras portuguesas y fue allí cuando decidí poner en marcha una idea que llevaba un tiempo rondándome la cabeza: encontrar una nueva ruta para viajar a Asia. Así, poco a poco, fui documentándome sobre las hazañas de otros exploradores y perfilando mi plan, pero faltaba lo más importante: conseguir el dinero necesario para llevarlo a cabo.

Primer viaje de Colón

En el primer viaje Colón puso el pie en la isla de Guanahaní; en el segundo viaje descubrió Puerto Rico y Cuba; en el tercero, llegó a la desembocadura del Orinoco y descubrió Trinidad, y en el cuarto y último bordeó las costas de Honduras, Nicaragua, Costa Rica y Panamá. El objetivo fue siempre el mismo: encontrar una ruta hacia Asia.

¡Qué curioso!

¿Por qué América tiene el nombre de uno de los marineros de Colón, el italiano Américo Vespucio? Américo, un hombre con una amplia formación humanista y experto en astronomía y el estudio de los mapas, tuvo muy claro que la tierra a la que habían llegado no eran las Indias, sino un nuevo continente al que no dudó en bautizar con su nombre...

Primero se lo propuse al rey de Portugal, pero el monarca no mostró el más mínimo interés (creo que pensaba que yo estaba loco); después fui a ver a muchos mercaderes y gobernantes, pero todos me ignoraron, y lo mismo hicieron al principio los reyes de España, Fernando e Isabel, aunque, por suerte para mí, años después rectificaron y me proporcionaron todo el dinero y los medios necesarios para iniciar mi expedición.

Reclutar a los marineros que quisieran embarcarse conmigo en ese viaje tampoco fue fácil, pero finalmente, el 3 de agosto de 1492, zarpamos en una flota de tres carabelas desde el puerto español de Palos de la Frontera hacia, en teoría, tierras asiáticas. Dos meses después, al amanecer del 12 de octubre, nos encontramos frente a frente con un territorio. «Por fin llegamos a las Indias Occidentales», pensé. ¡Qué equivocado estaba! Lo que se abriría ante nosotros era un nuevo mundo:

¡América!

Tras su primer viaje Colón se convirtió en un personaje muy popular, y los Reyes de España lo nombraron Virrey del Nuevo Mundo, un cargo que le trajo muchos problemas (todo lo que tenía de buen navegante lo tenía de mal gobernador); finalmente fue destituido y tuvo que volver a Europa... ¡arrestado!

FRASES DE COLÓN

«Vuestras altezas tienen acá otro mundo» (a los Reyes de España).

«El mar dará a cada hombre una nueva esperanza, como el dormir le da sueños».

«Ellos aman a sus prójimos como a sí mismos, y tienen un habla la más dulce del mundo, y mansa, y siempre con risa» (sobre los nativos de las tierras americanas).

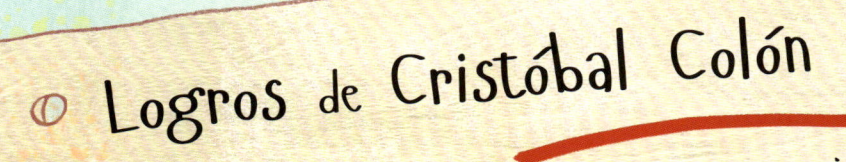

Logros de Cristóbal Colón

* Su idea de llegar a la India por el camino más corto (atravesando el Océano Atlántico) le llevó a informarse y documentarse exhaustivamente.

* Aunque existe el debate sobre si Colón fue realmente el primer europeo en poner el pie en el continente americano, nadie duda que gracias a él fue posible conocer y explorar lo que durante mucho tiempo se conoció como Nuevo Mundo.

* Su hazaña demuestra lo que pueden conseguir la paciencia, la constancia (Colón fue pesado, muy pesado, en su empeño por conseguir financiación para su proyecto) y, sobre todo, el valor para enfrentarse a lo desconocido.

21

Francisco Pizarro (1478-1541)

La historia de Francisco Pizarro, el descubridor de Perú, refleja que desde que era un niño tuvo la habilidad de transformar las dificultades en retos y de ser incansable al desaliento. Curtido en muchas batallas y miembro de importantes expediciones, se mantuvo firme al frente de sus cada vez más menguadas tropas hasta conseguir hacer realidad su plan: llegar a Cuzco, la capital del imperio inca.

Dicen de mí que era un hombre serio y de pocas palabras. Nací en Trujillo, Cáceres (España), dentro de una familia pobre, por lo que no pude ir al colegio y pasé mi infancia ayudando a mi madre en el cuidado de nuestros animales.

Allí, mientras alimentaba a los cerditos, soñaba con entrar en el ejército. ¡Y lo conseguí! Tuve la suerte de formar parte de las tropas de Gonzalo de Córdoba, «El Gran Capitán» (el «soldado estrella» en ese momento) y con él marché a Italia, donde aprendí todo lo necesario para ser un buen militar.

En esa época todo el mundo hablaba del Nuevo Mundo que había descubierto Colón, así que en cuanto me enteré de que el explorador Alonso de Ojeda estaba buscando hombres para una expedición a esas tierras no dudé ni un minuto en apuntarme.

Fue así como participé en la exploración de América Central y también en la que llevó a otro navegante, Vasco Núñez de Balboa, a descubrir el Océano Pacífico.

Viajes de Pizarro

Mar del Caribe
Panamá
OCÉANO PACÍFICO
Isla Gallo
Piura
Cuzco

- Primer viaje
- Segundo viaje
- Tercer viaje

Cuando Pizarro llegó al territorio inca decidió pedir permiso al rey Carlos I para explorar y ejercer su autoridad en esa zona. El monarca le dio su autorización y además le otorgó los cargos de «gobernador», «capitán general» y «adelantado» (un título honorífico).

Como me gustó mucho América Central, me instalé en Panamá, territorio del que fui nombrado gobernador y donde conocí a Diego de Almagro (descubridor de Chile) –mi socio primero y mi enemigo después– en las expediciones que pusimos en marcha para explorar el sur de América y comprobar si era cierto lo que se contaba sobre las riquezas de esas tierras. Fue así como, tras varias expediciones y muchísimas dificultades, llegamos a la capital del imperio inca, Cuzco. Y ahí empezaron los problemas con mi socio-amigo Almagro, ya que ambos queríamos ser gobernadores de esta ciudad.

Logros de Pizarro

* A pesar de las muchas dificultades que encontró, dirigió desde el principio la expedición que culminó con la conquista del imperio inca y el descubrimiento de Perú.

* Pizarro fue el fundador de la actual capital peruana, Lima, a la que llamó al principio «Ciudad de los Reyes». Para ello, buscó un lugar estratégico, que estuviera cerca del mar, pero lo suficientemente retirado para protegerse en caso de algún ataque enemigo.

PERÚ

Lima

Nos enfrentamos en una guerra –la batalla de las Salinas– que ganamos los «pizarristas» y que acabó con Almagro condenado a muerte. Pero los «almagristas», capitaneados por el hijo de Diego, planearon su venganza y así, un día, entraron sigilosamente en mi palacio de Lima y me acuchillaron sin piedad. Cuentan las crónicas que me resistí bravamente luchando hasta el fin, como hice durante toda mi vida.

FRASES DE PIZARRO

«Por este lado, al norte, se va a Panamá a ser pobres. Por este otro, al sur, a Perú, a ser ricos. Que cada cual elija lo que más conviene a un castellano bravo; en cuanto a mí, voy hacia el sur» (lo dijo en la Isla del Gallo, trazando con su espada una línea horizontal en la arena).

«Los historiadores destacan de mí que era un hombre recto e íntegro, y defienden que me opuse tanto a la muerte de Atahualpa, el rey de los incas, como a la de mi socio, Diego de Almagro».

Los «Trece de la Fama»

Las situaciones que vivió Pizarro habrían hecho arrojar la toalla a la mayoría de los exploradores…

Uno de sus episodios más famosos es el que se conoce como «Los Trece de la Fama» y ocurrió en la Isla del Gallo, cuando, hartos de naufragios, ataques de los nativos y demás desgracias, todos sus hombres decidieron abandonar la expedición… todos menos 13 que, animados por las palabras de Pizarro, optaron por seguir hasta el final.

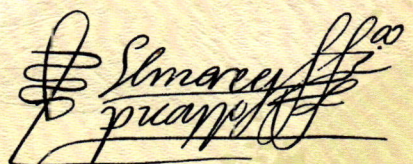

Fernando de Magallanes
(1480-1521)

Magallanes

«Es redonda», «no, es plana». En el siglo XVI, el debate sobre la forma que tenía la Tierra estaba muy encendido, y el navegante portugués Fernando de Magallanes fue uno de los personajes que contribuyó a arrojar luz sobre este asunto, demostrando con su hazaña, en la que consiguió dar la primera vuelta al mundo de la Historia, que efectivamente el planeta era redondo.

España

OCÉANO PACÍFICO

OCÉANO ATLÁNTICO

El Estrecho de Magallanes lleva el nombre de su descubridor, pero él lo llamó «Estrecho de Todos los Santos y de las once mil vírgenes».

Estrecho de Magallanes

Sí, es verdad lo que cuentan de mí: durante toda mi vida, tuve una compañera nada agradable, llamada mala suerte, pero a mí nunca me gustó pensar demasiado en ella, y en vez de lamentarme, centré todas mis fuerzas y energía en lograr mis objetivos. Me llamo Fernando de Magallanes y nací en Oporto, Portugal. Mi padre era hidalgo y caballero del rey y yo, siguiendo sus pasos, a los 10 años ya formaba parte de la corte (fui uno de los pajes de la reina Leonor).

En esa época, mi país era líder en navegación –en competencia con la vecina España–, así que me enrolé en la armada portuguesa y participé en varias batallas que me dejaron como «recuerdo» una pierna destrozada y una cojera para toda la vida.

OCÉANO ÍNDICO

Islas Filipinas

Incapacitado para la lucha, decidí aplicar mi experiencia en el mar a algo que ya habían hecho Marco Polo y Colón: encontrar un camino alternativo a la ruta de las especias.

FRASES DE MAGALLANES

«La Iglesia dice que la Tierra es plana, pero yo sé que es redonda porque veo su sombra en la Luna, y tengo más fe en una sombra que en la Iglesia».

«Mi plan era llegar a las Islas Molucas, un gran centro productor de especias, no por Oriente, que era lo que hacía todo el mundo, sino en dirección contraria, navegando hacia Occidente».

«El rey de España fue tan generoso conmigo que me ofreció los medios para llevar a cabo mi expedición, me dio el título de capitán, un sueldo de 50.000 maravedís y la quinta parte del valor de todas las riquezas que trajese de mis viajes».

Elaboré un plan muy minucioso y se lo presenté al entonces rey Manuel I, convencido de que le iba a encantar y me lo iba a financiar. Pero el rey no solo lo rechazó, sino que se rió de mí y me despreció por mi cojera. ¿Qué hice entonces? Pedí la nacionalidad española y conté con el apoyo y los medios que me proporcionó el rey Carlos I. Así, en 1519, al frente de 5 naves y con una tripulación de 250 hombres, zarpamos rumbo a las Islas Molucas, en Indonesia.

¡Qué curioso!

Al regreso al puerto español de Sanlúcar de Barrameda de la gran expedición que había partido desde ese punto tres años antes solo quedaba una única nave, la nao Victoria, a bordo de la cual iban Juan Sebastián Elcano y los únicos 18 miembros de la tripulación que habían sobrevivido a las muchas dificultades que les presentó una hazaña que está considerada como una de las más importantes de la Historia.

Juan Sebastián Elcano

Fue el inicio de tres años de expedición durante los cuales nos pasó de todo: ¡hasta tuvimos que comernos nuestros cinturones de cuero porque nos quedamos sin víveres!

Atravesar los 560 km que separaban el Océano Atlántico de lo que entonces se conocía como Mar del Sur fue un auténtico horror debido a la dificultad de las costas. Cuando conseguimos superar ese estrecho, la alegría que teníamos por haber «abierto» esta nueva vía enseguida se desvaneció porque estuvimos ¡tres meses! sin ver tierra. Y cuando por fin la vimos, la cosa no fue mejor: poco después de llegar a las costas de Filipinas, fui asesinado por los nativos de la isla…

Logros de Magallanes

* Fue quien organizó, puso en marcha y capitaneó la expedición que dio por primera vez la vuelta completa al mundo por mar.

* Con esta vuelta completa al mundo, que tras su muerte completó su segundo de a bordo, Juan Sebastián Elcano, quedó demostrado algo que muchos ponían en duda en el siglo XVI: la Tierra es redonda.

* Descubrió nuevas vías de navegación y territorios como las Islas Filipinas.

Espías en alta mar

Manuel I de Portugal se obsesionó con aquel marino cojo al que había despreciado en cuanto le empezaron a llegar noticias de su expedición en el «bando» español, así que puso en marcha toda serie de trampas, boicots y demás estrategias para hacerle fracasar: desde malmeter al monarca español, contándole mentiras sobre Magallanes, hasta infiltrar «marineros espías» en las naves de su expedición. ¡Incluso ideó un plan para asesinarle!

Hernán Cortés
(1485-1547)

De carácter inquieto y con sangre aventurera corriendo por sus venas (era primo de Pizarro), Hernán Cortés cambió en cuanto pudo los libros de leyes por el mando de las expediciones en el Nuevo Mundo. Su arrojo –que le llevó incluso a desobedecer a sus jefes– tuvo como recompensa el descubrimiento de uno de los pueblos más importantes de América: el Imperio azteca.

Hernán Cortés de Monroy y Pizarro Altamirano: ese era mi nombre completo y sí, en efecto, comparto apellido con otro explorador, Francisco Pizarro, ya que éramos primos. Nací en Medellín (España) y recibí una esmerada formación, sobre todo en latín y gramática –¡escribía muy bien!–. Aunque a mí no me hacía ninguna ilusión la idea, mi padre se empeñó en mandarme a la Universidad de Salamanca a estudiar leyes. Le hice caso… pero solo por dos años, porque lo que yo de verdad quería era conocer de cerca eso de lo que todo el mundo hablaba en la época: el Nuevo Mundo.

A los 19 años me embarqué rumbo a la isla de La Española (ahora se llama Santo Domingo), donde trabajé como funcionario. Desde allí, conseguí formar parte de la expedición que el explorador Diego Velázquez Cuéllar puso rumbo a Cuba, donde fui nombrado gobernador de la capital, Santiago. Lo de estar todo el día en el despacho no me gustaba nada, así que en cuanto supe que se estaba preparando una nueva expedición, esta vez al Yucatán, concentré todas mis energías en esa nueva aventura.

Viajes de Hernán Cortés

Tanto entusiasmo por mi parte despertó la envidia de mi jefe, Velázquez, y por eso, aunque al principio me había puesto al mando de la expedición, me destituyó en el último momento. Yo me «hice el loco» y seguí adelante con el plan.

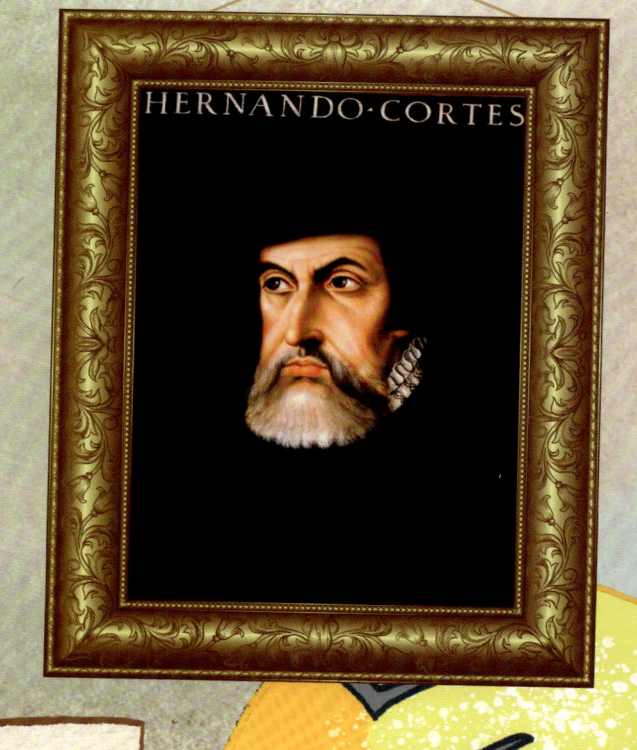

Así, al frente de 11 barcos y más de 500 soldados, llegué a Cozumel y Tabasco. Velázquez se enfadó muchísimo y me ordenó volver; yo seguí adelante y fundé la ciudad de Veracruz. Enseguida nos llegaron rumores de que tierra adentro había un gran imperio en el que habitaba el pueblo azteca, con enormes riquezas y muy guerrero. ¡Y vaya si lo eran, sobre todo su líder, Moctezuma, y su sobrino y heredero, Cuauhtémoc! Para vencerlos nos tuvimos que aliar con otros pueblos indígenas.

Logros de Hernán Cortés

* Conquistó el amplio territorio formado por el Imperio Azteca y los pueblos colindantes, que se corresponden con el México actual.

* Exploró la península de Yucatán, fundando allí la ciudad de Veracruz, y abrió una nueva ruta de comercio marítimo entre Panamá y Perú.

* Encabezó otras expediciones importantes como la que terminó con la anexión de la Baja California.

Finalmente, conquistamos Tenochtitlán, la capital del imperio azteca, y a mí se me nombró gobernador y capitán general de Nueva España (así se llamó a estas tierras, actualmente México) y se me dio el título de Marqués del Valle de Oaxaca. Pero como ya sabéis que no podía estar mucho tiempo quieto en el mismo sitio, volví a España y encabecé algunas expediciones más, descubriendo nuevos territorios. De esta forma, hice realidad aquello con lo que se soñaba mientras escuchaba, entre bostezo y bostezo, las lecciones de Derecho en Salamanca…

FRASES DE HERNÁN CORTÉS

«Más vale morir con honra que deshonrado morir».

«En circunstancias especiales, el hecho debe ser más rápido que el pensamiento».

«¡Quemad las naves!» (dio esta orden a sus hombres, para evitar que los que no querían seguir luchando desertaran y se marcharan).

¿Enviados de los dioses?

Se cuenta que la primera vez que Moctezuma y Cortés se encontraron cara a cara, el azteca se quedó sin palabras, ya que al ver a las tropas españolas a caballo (un animal desconocido para esas poblaciones) y embutidas en sus brillantes armaduras, pensó que eran unos enviados de los dioses y por eso los agasajó con todo tipo de lujos y atenciones. Y claro, los conquistadores se «dejaron querer»…

Moctezuma

Francis Drake
(1540-1596)

Experto navegante, intrépido explorador, estupendo aventurero, estratega político, maestro de piratas y favorito de la reina Isabel I de Inglaterra, su azarosa vida y sus importantes hazañas, entre las que destacan una vuelta al mundo o poner fin a la hegemonía marítima española, convirtieron a Sir Francis Drake en toda una «celebrity» de su época.

En una granja de Devon (Inglaterra): allí vivíamos los Drake y allí nací yo. ¡Quién me iba a decir a mí, cuando corría entre gallinas y cerditos, que iba a acabar mis días muy, pero que muy lejos de allí, en tierras mucho más exóticas! Mi aventura –y mi leyenda– comenzaron cuando tenía 13 años y se me presentó la oportunidad de trabajar en un carguero. No tenía ni idea de navegar, pero en cuanto puse el pie a bordo descubrí que eso era lo que más me gustaba en el mundo, así que me puse a ello y lo hice tan bien que a los 20 años había pasado de ser el grumete Francis al capitán Drake.

El inicio de la gran fama de la que disfruté poco después vino de la mano de mi primo, John Hawkins, uno de los navegantes y comerciantes más conocidos en ese momento, quien me propuso viajar con él a América y ayudarle en sus «negocios» (que consistían básicamente en asaltar los cargamentos de oro y plata que en esas tierras almacenaban sus colonizadores, los españoles).

Viaje de Francis Drake alrededor del mundo

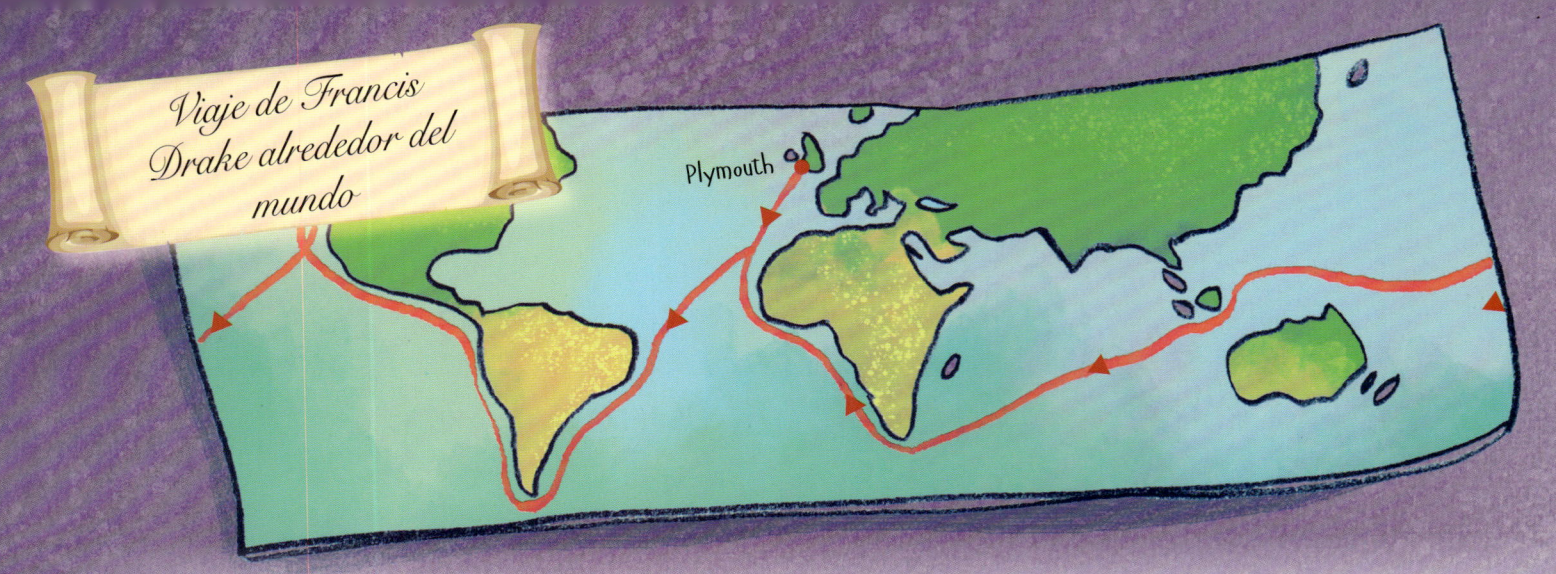

Cada vez que volvíamos a casa con las naves cargadas de riquezas nos recibían como auténticas estrellas de la navegación y, también, de la piratería. La reina Isabel I de Inglaterra se interesó por mis hazañas y me encargó una misión secreta para «poner orden» en las colonias españolas en la costa americana del Pacífico. La campaña fue un éxito y además hizo que me convirtiera en la segunda persona (y el primer británico) en conseguir dar la vuelta al mundo por mar, 60 años después de que lo hiciera Magallanes.

Logros de Francis Drake

* Lideró el asalto inglés a la flota y los dominios de España (por entonces, la principal potencia europea).

* Fue el primer británico y la segunda persona que dio una vuelta completa al mundo por mar, atravesando el Estrecho de Magallanes y estableciendo con las poblaciones indígenas unos tratos muy ventajosos para el comercio inglés con las islas del Pacífico.

Entonces la reina me encargó el «más difícil todavía»: acabar con la flota española, conocida como la «Armada Invencible», que en ese momento disputaba a la inglesa la hegemonía marítima. A pesar de ser muy buenos, los marinos españoles no eran tan invencibles como presumían y nuestro triunfo sobre ellos fue total. Pero tras este éxito, mi suerte cambió: la reina siguió confiando en mí, pero nada me salía bien y mi «superplan» de tomar la isla de Puerto Rico y establecer allí una base inglesa para controlar a los españoles no solo fue un auténtico fracaso, sino que me costó la vida.

FRASES DE DRAKE

«Tenemos todo el tiempo del mundo para acabar esta partida, y también para destruir a la armada española» (lo dijo cuando, mientras jugaba a los bolos, le avisaron de que la Armada Invencible se acercaba).

«En cualquier gran hazaña debe haber un principio, pero la verdadera gloria consiste en seguir hasta el final, hasta que esté completamente terminada».

El legendario «Golden Hind»

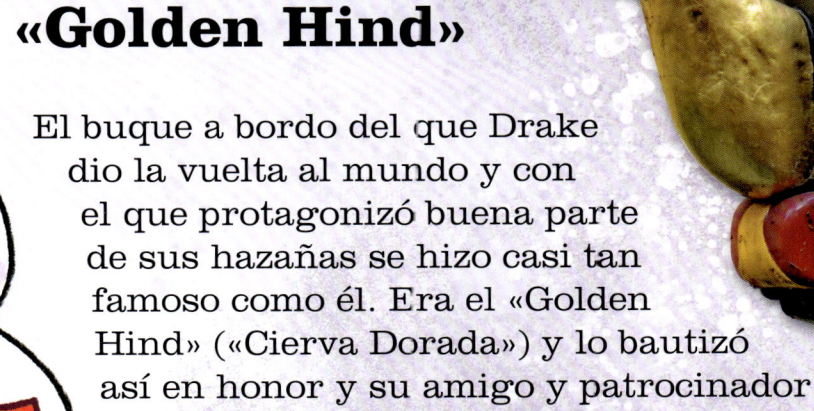

El buque a bordo del que Drake dio la vuelta al mundo y con el que protagonizó buena parte de sus hazañas se hizo casi tan famoso como él. Era el «Golden Hind» («Cierva Dorada») y lo bautizó así en honor y su amigo y patrocinador Christopher Hatton, en cuyo escudo nobiliario figuraba este animal. La nave podía transportar hasta 100 toneladas de carga.

John Smith
(1580-1631)

Soldado y aventurero, la biografía del inglés John Smith está compuesta de muchos hechos «reales» –fue uno de los primeros colonizadores de Norteamérica– y, también, de buenas dosis de leyenda y situaciones noveladas.

Algunos dicen de mí que era un poco fanfarrón y que muchas de las cosas que cuento en los libros en los que narro mis aventuras en el Nuevo Mundo están muy «adornadas» y no se ajustan del todo a la realidad… Cada uno que piense lo que quiera, pero ahí están las crónicas que cuentan lo que pasó en la colonia británica de Jamestown, en el estado norteamericano de Virginia. Pero antes de poner el pie al otro lado del Océano, ya había vivido bastantes aventuras.

Nací en Lincolnshire (Inglaterra), en una familia de agricultores, y a los 16 años me apunté al ejército, donde enseguida me sentí como pez en el agua: ¡la vida militar era lo mío!

Tras luchar en Francia contra las tropas españolas, marché a Turquía, para enfrentarme a los otomanos, y lo hice tan bien que me ascendieron a capitán. Pero la gran oportunidad de mi vida se me presentó cuando la Compañía de Virginia, formada por un grupo de británicos que querían colonizar el estado del mismo nombre en la recién descubierta Norteamérica, me fichó para la expedición. Aunque tuve algún que otro altercado con mis compañeros durante la travesía, llegamos finalmente al territorio en cuestión, al que llamamos Jamestown.

▼ SMITH NUNCA PARÓ DE ENTRENARSE Y APRENDER NUEVAS COSAS, Y POR ESO SUS DOTES COMO MILITAR FUERON LEGENDARIAS.

John Smith

Enseguida vimos que las maravillas que se contaban de esos lugares no eran tales: nos tuvimos que enfrentar a la sequía, a la escasez de alimentos, a unos inviernos rigurosos y, también, a los ataques de los nativos, que me secuestraron y me llevaron como prisionero al poblado de Powhatan. Y aproveché la situación: vi que los nativos vivían muy bien y tenían muchas provisiones, así que decidí hacerme su amigo y conseguir que nos ayudaran a mejorar las condiciones de vida en la colonia. Se cuenta que en esta colaboración tuvo mucho que ver mi relación con la hija del jefe, la princesa Motoaka…

¿Motoaka… o Pocahontas?

Uno de los episodios más famosos de la vida de Smith es su supuesto romance con la hija del jefe de los Powhatan, Motoaka, también conocida como Pocahontas. Hay muchas versiones al respecto: que si fue un invento del inglés para darle un giro más interesante a sus memorias, que si Pocahontas sí existió, pero nunca fue su novia; que si la joven se casó con otro inglés y terminó perteneciendo a la alta sociedad londinense… La historia ha inspirado novelas y hasta una película de dibujos animados.

Lo que sí es cierto es que me puse al frente de la colonia y la goberné con éxito, y entonces la Compañía de Virginia me encargó una nueva y emocionante misión: explorar la bahía de Chesapeake en busca de oro y hallar una nueva ruta hacia el Océano Pacífico. No encontré ni una cosa ni la otra, pero gracias a esa experiencia elaboré unos mapas muy precisos de una zona hasta entonces desconocida (el norte de Virginia, conocido como «Nueva Inglaterra») y que fueron muy útiles para futuros exploradores. Volví entonces a Inglaterra, donde dediqué los últimos años de mi vida a escribir mis memorias.

FRASES DE JOHN SMITH

«El que no trabaje, no comerá» (les decía a sus hombres, muchos de ellos nobles ingleses poco acostumbrados al trabajo duro, cuando fue gobernador de Jamestown).

«El honor es nuestra ambición en la vida».

«La Geografía sin la Historia es como una carcasa sin movimiento; y la Historia sin la Geografía es como un vagabundo sin un lugar donde reposar».

Logros de John Smith

* Fue el líder del primer asentamiento permanente inglés en Norteamérica, Jamestown, y gestionó con ingenio y una buena estrategia las muchas dificultades a las que se enfrentaron los colonos.

* Tanto los mapas de sus expediciones como los libros en los que recogió sus experiencias han sido muy útiles para conocer la vida de los primeros colonos británicos en el país que actualmente es EE.UU.

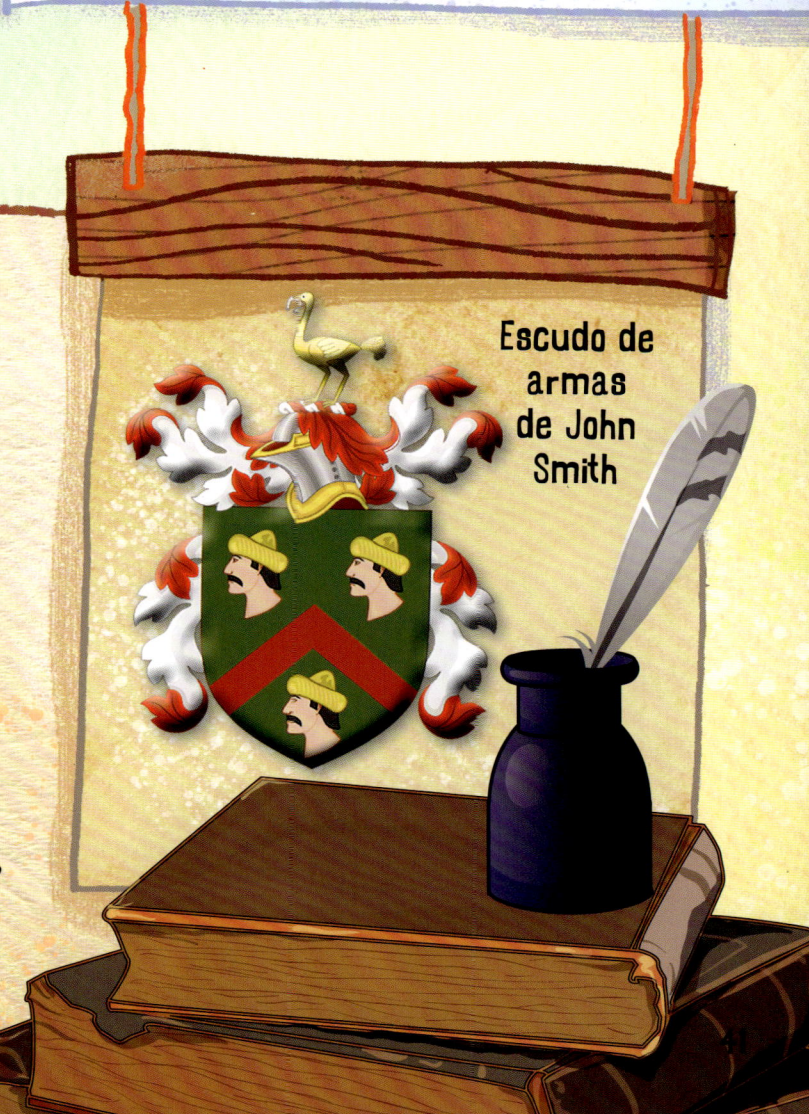

Escudo de armas de John Smith

James Cook
(1728-1779)

Navegante, explorador y cartógrafo británico: así aparece James Cook en todas las enciclopedias y libros de Historia. Pero además de sus expediciones y descubrimientos en el Pacífico, gracias a este hombre, amante de la astronomía, la botánica y la medicina, conocemos también cosas como la importancia de la vitamina C o la existencia de los canguros…

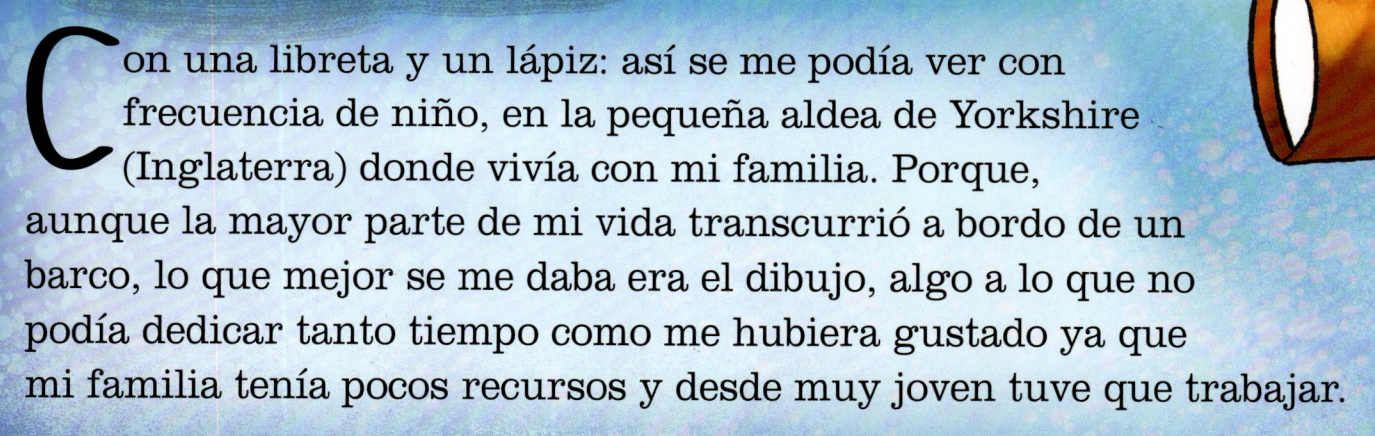

Con una libreta y un lápiz: así se me podía ver con frecuencia de niño, en la pequeña aldea de Yorkshire (Inglaterra) donde vivía con mi familia. Porque, aunque la mayor parte de mi vida transcurrió a bordo de un barco, lo que mejor se me daba era el dibujo, algo a lo que no podía dedicar tanto tiempo como me hubiera gustado ya que mi familia tenía pocos recursos y desde muy joven tuve que trabajar.

Por eso trabajé en una mercería, en una tienda de alimentación y como aprendiz en una naviera. Este último oficio fue el inicio de mi carrera como navegante, ya que de ahí pasé a formar parte de la Armada Real, donde pronto alcancé el grado de capitán. Sin embargo, la gran oportunidad de mi vida no vino por mis dotes como marino, sino por mi habilidad para el dibujo y, también, por otra de mis pasiones: la astronomía. Os cuento: impresioné a mis jefes con un mapa que hice del río San Lorenzo y un trabajo sobre un eclipse de Sol que hubo en 1766. «Este es nuestro hombre para dirigir la misión del buque Endevour», dijeron. Esa misión consistía en navegar por el Pacífico para, desde la isla de Tahití, que se acaba de descubrir, observar el tránsito del planeta Venus.

FRASES DE JAMES COOK

«Haz al menos una vez lo que otros dicen que no puedes hacer, y nunca más harás caso a tus limitaciones».

«Cualquier cosa que se hace sin confianza en uno mismo se hace mal».

«Recuerda: cuanto más grande es la oportunidad, menos son los que la ven».

Fue el primero de los tres importantes viajes que realicé por la zona del Pacífico en los cuales no solo descubrí nuevos territorios como las Islas Sandwich (actualmente Hawái donde, por cierto, fui asesinado tras una reyerta con los nativos), sino que también pude conocer cosas superinteresantes de los pobladores y las costumbres de esas tierras: por ejemplo, que aunque eran «un poco caníbales», los habitantes de Nueva Zelanda podían ser muy hospitalarios; que llevaban dibujos en su piel (tatuajes); que tenían unas especies de plantas maravillosas y totalmente desconocidas en Europa o que, entre sus animales típicos, había una especie de rata gigante que daba saltos y a la que di el nombre de canguro.

Todos estos hallazgos están explicados en los diarios que llevaba conmigo en las travesías y que a mi muerte se encargó de completar, editar y dar a conocer el periodista John Hawkesworth a través de unos libros que, por cierto, fueron auténticos best sellers.

«Terra Australis Ignota»

Tras el éxito de su primera expedición, los superiores de Cook le encargaron otra misión: comprobar si de verdad existía un territorio rodeado de leyenda, del que todo el mundo hablaba pero que nadie había visitado: la «Terra Australis Ignota», un continente que supuestamente se encontraba entre América del Sur y Nueva Zelanda. Cook demostró que ese continente mítico, que aparecía en los mapas desde la época de la Grecia Clásica, no existía como tal, pero que más al Oeste sí que había un territorio muy importante y hasta entonces inexplorado: Australia.

Logros de James Cook

* Fue el primer europeo que mantuvo contacto cercano con los habitantes del Pacífico, observando y estudiando sus costumbres.

* Sus tres viajes permitieron descubrir numerosas islas del Pacífico y definir las características y la posición exacta de un continente hasta entonces desconocido: Oceanía.

* Tan importantes como sus expediciones son los mapas que realizó durante ellas: pasó 12 años cartografiando el Pacífico.

45

Alexander v. Humboldt
(1769-1859)

Es el primer explorador científico y se le considera el padre de la Geografía moderna. El «culpable» de la impresionante labor de este «viajero sabio» es un libro, «Robinson Crusoe», que releía una y otra vez cuando era pequeño. Ese fue el pistoletazo de salida de los 9.600 km recorridos a pie, a caballo o en canoa por Sudamérica, de sus hallazgos botánicos, geológicos y hasta médicos y de los más de 30 libros en los que recogió sus experiencias.

Me llamo Alexander Von Humboldt. Mi familia pertenecía a la nobleza de Prusia (Alemania). Mi padre, con el que me llevaba genial, murió cuando yo solo tenía nueve años; ¡le eché tanto de menos el resto de mi vida…! Tuve una educación esmerada (mi madre era muy culta y se empeñó en que todos sus hijos tuviéramos tutores de primer nivel) y, modestia aparte, yo era muy buen estudiante.

Pero los libros no era lo que más me interesaba, sino que en cuanto podía, salía corriendo a buscar «piezas» para mi colección de objetos de la Naturaleza: conchas, piedras, fósiles, plantas… Guardaba cada uno de estos «tesoros» en su caja correspondiente, perfectamente etiquetada. Estudié Derecho y Economía, porque era lo que quería mi madre, pero donde pasaba más tiempo era en la Facultad de Geología, asistiendo embelesado como oyente a las clases de ciencias. Prusia se me quedó pequeña y se me metió en la cabeza apuntarme a la campaña que el francés Napoleón Bonaparte preparaba en Egipto. Entonces falleció mi madre, dejándome una cuantiosa herencia. «¡Por fin puedo hacer el viaje de mis sueños, sin depender de nadie!», me dije. Le propuse a mi amigo, el botánico Aimé Bonpland, que me acompañara, y allí nos fuimos los dos, a Sudamérica, una tierra aún inexplorada.

Viaje de Humboldt

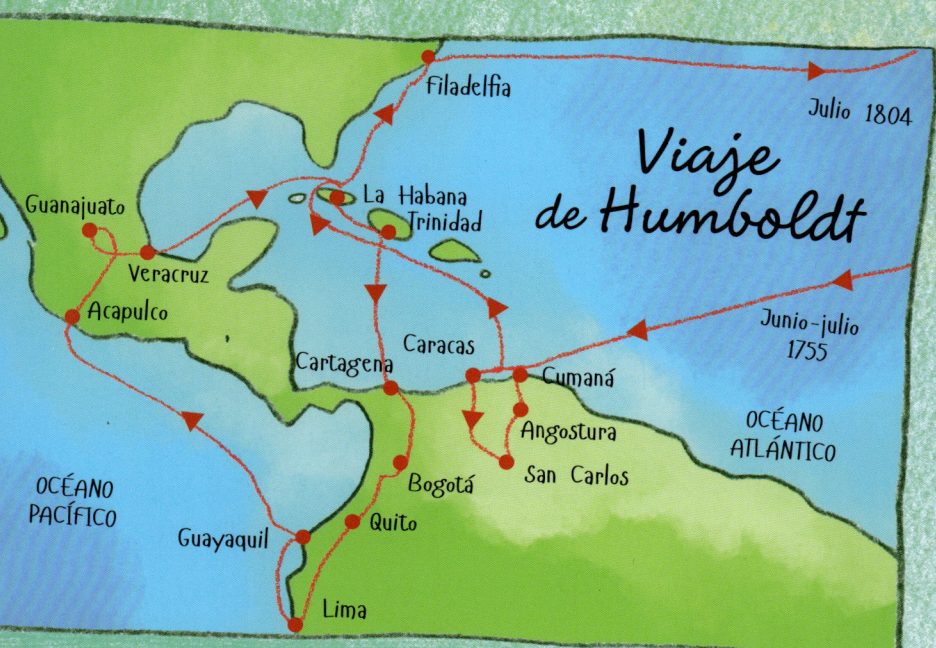

Nuestro primer objetivo fue recorrer el Orinoco en busca del canal que lo unía a otro gran río, el Amazonas. No solo lo encontramos –el Casiquiare–, sino que convivimos con las tribus que habitaban esos territorios. Yo proponía los itinerarios y Bonpland tomaba nota y dibujaba todas las cosas novedosas que nos íbamos encontrando por el camino: plantas, animales, cordilleras…

Logros de Alexander von Humboldt

* Durante su expedición sudamericana descubrió las pirañas, el árbol del caucho, el curare (una planta venenosa que llevó a Europa, donde empezó a utilizarse como un medicamento) y hasta el mal de altura (una enfermedad que afecta a los escaladores).

* Descubrió y escaló varios volcanes, entre ellos, el Chimborazo, el pico más alto conocido en la época, lo que le hizo ostentar durante 30 años el récord mundial de altitud.

* Sus libros y sus catálogos se consideran las bases del Naturalismo, una corriente científica que triunfó en el siglo XIX.

Durante cinco años recorrimos Sudamérica, y cuando volvimos a París nos recibieron como a auténticos héroes. Los siguientes 25 años los pasé en París, recogiendo en numerosos libros todos los hallazgos que había hecho en mi viaje, dando conferencias y animando a los más jóvenes a estudiar la Naturaleza. Después marché a Prusia, para ocupar el cargo de consejero científico real. Con 60 años formé parte de una expedición por Rusia, en busca de diamantes en los montes Urales. Los últimos años de mi vida escribí una enciclopedia en la que recogí todo el conocimiento científico sobre la Tierra y el Universo y a la que titulé «Cosmos».

Además, Humboldt fue el descubridor de las tormentas magnéticas y los movimientos sísmicos; es el inventor del térmiro «jurásico» y gracias a él se conoció la influencia que tiene la corriente templada de la costa occidental de Sudamérica en el clima de países como Ecuador, Chile y Perú. Esta corriente se llama Humboldt en su honor.

FRASES DE ALEXANDER

«No hay razas inferiores. Todas ellas están destinadas a alcanzar la libertad».

«En las montañas está la libertad, Las fuentes de la degradación no llegan a las regiones puras del aire. El mundo está bien en aquellos lugares donde el ser humano no alcanza a turbarlo con sus miserias».

«La crueldad hacia los animales es signo característico de los pueblos degenerados y de la gente ignorante y vulgar».

Humboldt.

Charles Darwin
(1809-1882)

Tímido, inseguro y solitario, Charles Darwin, el naturalista más famoso de todos los tiempos y padre de la Biología moderna, seguramente nunca imaginó que sus ideas sobre la evolución y la adaptación al medio de los seres vivos fueran a causar tanto revuelo. Más allá de su aportación al pensamiento moderno, su vida es un cóctel perfecto de ciencia, aventura y amor por la Naturaleza.

Soy Charles Darwin, nací en la localidad de Sherewsbury (Reino Unido) y si tuviera que definirme a mí mismo, diría que era, sobre todo, un observador: de niño podía pasarme horas y horas contemplando embobado la colección de percebes (unos 10.000) que había «adoptado» como mascotas (sí, reconozco que es normal que me llamaran «rarito», pero nadie se imagina la de cosas que aprendí de ellos).

Mi abuelo era médico, mi padre también y yo... pues lo intenté, pero no me gustaban las asignaturas y, sobre todo, ¡me ponía enfermo cuando veía sangre! Animado por mi padre, empecé a prepararme para ser clérigo rural, pero pronto me di cuenta de que tampoco tenía vocación para eso.

Sin embargo, esa experiencia me permitió conocer a John Henslow, que además de mi tutor, era profesor de Botánica. ¡Por fin una asignatura que me encantaba! Henslow se percató de mis «dotes observadoras» y supo dirigirlas hacia el estudio de las ciencias naturales, además de conseguir que tuviera más seguridad en mí mismo (algo que siempre me faltó).

También fue él quien me abrió la puerta a la que fue la gran aventura de mi vida: me recomendó al capitán Robert FitzRoy para participar en la misión que el gobierno británico le había encargado para estudiar la costa sur de América a bordo del Beagle. Y allí me embarqué, en calidad de «naturalista», es decir, la persona encargada de observar, clasificar y dibujar cualquier cosa nueva que se descubriera durante la travesía.

Un gran escándalo

El título real del libro de Darwin es: «El origen de las especies mediante la selección natural o la conservación de las razas favorecidas en la lucha por la vida». El escándalo que generó su idea de la evolución se debió principalmente porque echaba por tierra todo lo que durante siglos se había dado como cierto sobre el origen del hombre. Una de las cosas que levantó más polémica fue la afirmación de Darwin de que el hombre procedía del mono.

Durante los cinco años que duró la expedición rellené un montón de cuadernos con los resultados de las observaciones que hice sobre las cosas asombrosas que nos íbamos encontrando. Además me di cuenta de una cosa: ni las plantas, ni los animales ni tampoco los hombres habían surgido de la nada, sino que a lo largo del tiempo se habían tenido que adaptar a las condiciones que les rodeaban.

¡Qué curioso!

Darwin es considerado uno de los británicos más importantes de la Historia en su Inglaterra natal y prueba de ello es que hasta 2018, los billetes de 10 libras esterlinas (la moneda nacional) llevaban la cara del científico, un honor reservado a poquísimos personajes (entre ellos, la reina de Inglaterra).

Logros de Charles Darwin

* Durante su viaje a bordo del Beagle, descubrió miles de especies vegetales y animales hasta entonces desconocidas.

* Su idea de que los seres vivos cambiaban de acuerdo con las condiciones que les rodeaban se conoce como «Teoría de la Evolución», y marcó un momento muy importante en la historia de la ciencia y de la filosofía.

* Se le considera el padre de la Biología moderna y sus ideas influyeron en muchos naturalistas y científicos posteriores.

Recogí con todo detalle este pensamiento en un libro, «El origen de las especies» y, aunque al principio pasó casi desapercibido, en cuanto los eruditos se dieron cuenta de lo que yo proponía, me empezaron a surgir tanto fieles seguidores como feroces enemigos. Yo, mientras tanto, me dediqué al «backgammon», un juego que descubrí cuando mi salud comenzó a debilitarse y del que me convertí en un auténtico virtuoso debido, una vez más, a mi talante observador.

FRASES DE DARWIN

«No es el más fuerte de una especie el que sobrevive; tampoco el más inteligente, sino el que mejor se adapta al cambio».

«El amor por todas las criaturas vivientes es el más noble tributo del hombre».

«Un hombre que se atreve a desperdiciar una hora no ha descubierto el valor de la vida».

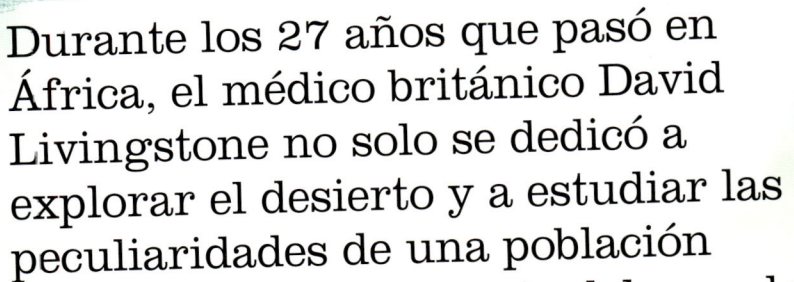

David Livingstone
(1813-1873)

Durante los 27 años que pasó en África, el médico británico David Livingstone no solo se dedicó a explorar el desierto y a estudiar las peculiaridades de una población tan distinta a la del resto del mundo como la africana, sino que también hizo un gran trabajo por mejorar las condiciones de vida de unos nativos que en su mayoría eran utilizados como esclavos.

Mi nombre es David Livingstone; nací y crecí en la localidad escocesa de Blantyre y mi familia era muy pobre (mis padres, mis siete hermanos y yo vivíamos en una casa que solo tenía una habitación). Siendo aún muy pequeño, me puse a trabajar en una fábrica textil para ayudar a la economía familiar. Al volver a casa, por muy cansado que estuviera, siempre sacaba tiempo para hacer mis deberes. Tenía muy claro lo que quería ser de mayor: explorador y, también, misionero, para así ayudar a los habitantes de esas tierras lejanas con las que soñaba todas las noches.

ÁFRICA

Escocia-Ciudad del Cabo: 10.000 km

Nacimiento del río Nilo

Cataratas Victoria

Río Zambeze

Desierto del Kalahari

Ciudad del Cabo

SUDÁFRICA

Con esta idea, estudié Medicina, y al poco de acabar la Sociedad Misionera de Londres, a la que pertenecía, me encargó ir a evangelizar África. Ese continente era prácticamente desconocido en Europa, así que emprendí mi misión con un poquito de miedo a lo desconocido, pero en cuanto puse el pie en la tierra africana quedé hechizado: no se parecía a nada de lo que había imaginado.

Un best seller, un león y la reina Victoria

Livingstone recogió en su libro «Viajes y exploraciones en el África del Sur» muchas de sus aventuras. Una de las más peligrosas fue cuando un león se lo quiso merendar: el encuentro le dejó un brazo prácticamente inutilizado. Cada vez que volvía a Inglaterra era recibido como un héroe, y la reina Victoria lo invitaba a palacio para que le contara «cosas de África».

Hice un total de tres viajes a África. Fue en el último viaje cuando se produjo la anécdota que me ha hecho más famoso: resulta que en mi intento de encontrar las fuentes del Nilo, que era mi gran reto, me perdí y fui a parar a una aldea llamada Ujiji, a orillas del lago Tanganika.

Allí pasé tres años, en los que, ante la falta de noticias por mi parte, empezó a circular el rumor de que me había muerto. Para comprobarlo, el director del periódico «New York Herald» mandó a su mejor reportero, Henry M. Stanley, a buscarme. Stanley estuvo varios meses siguiendo mi pista por tierras africanas.

Logros de Livingstone

* Hizo importantes descubrimientos como el del río Zambeze y las Cataratas Victoria, que llamó así en honor a la reina de Inglaterra.

* Luchó por mejorar las condiciones en las que vivían los nativos y se opuso a las leyes y los métodos que los utilizaban como esclavos.

Finalmente, al darse de bruces con un poblado lleno de hombres corpulentos de raza negra en medio de los cuales estaba sentado un debilucho hombre blanco con barba, se dirigió a mí pronunciando la famosa frase: «El Dr. Livingstone, supongo». Y suponía bien.

Cuando fallecí, un año después de este encuentro, los nativos enviaron mi cuerpo a mi país, pero enterraron mi corazón debajo de un árbol junto al que solía sentarme a descansar.

FRASES DE LIVINGSTONE

«Decidí no parar nunca hasta llegar al final y cumplir mi propósito».

«Iré donde haga falta, siempre que sea hacia adelante».

«La gente habla del sacrificio que he hecho al pasar gran parte de mi vida en África. Yo no lo considero un sacrificio: digamos más bien que para mí ha sido un privilegio».

David Livingstone

Stanley decidió quedarse con Livingstone y ayudarle a encontrar las fuentes del Nilo. Por eso han pasado juntos a la Historia.

Henry M. Stanley

Heinrich Schliemann
(1822-1890)

«Este hombre está loco». Seguramente, Heinrich Schliemann perdió pronto la cuenta del número de veces que escuchó esta frase desde que, siendo un niño y tras leer «La Iliada», tuvo muy claro su objetivo en la vida: descubrir dónde estaba la ciudad de Troya.

Hacedme caso: si deseáis algo con todas vuestras fuerzas, nunca dejéis de luchar para conseguirlo. ¡Yo tuve que esperar casi 40 años! Nací en Neubukow, un pequeño pueblo alemán, en el seno de una familia con pocos recursos. Fui el quinto de nueve hermanos y todos decían de mí que siempre estaba en las nubes. Pero donde realmente viajaba mi pensamiento era a Troya, la ciudad de la que hablaba el libro de Homero que leía una y otra vez: «La Iliada».

En esa época se acababan de descubrir los restos de otra ciudad de la antigüedad, Pompeya, una noticia que no hizo más que reforzar mi idea de que Troya existió y yo la iba a encontrar, aunque muchos me decían que solo era producto de la imaginación de Homero.

Cuando mis padres me regalaron una Historia Universal Ilustrada y descubrí en su interior una lámina en la que se hablaba del incendio que había destruido la ciudad, me puse a gritar como un loco: «¡Lo veis, no es un cuento, Troya existió de verdad!». Poco después mi madre murió, la economía familiar fue de mal en peor y con 14 años tuve que dejar de estudiar para trabajar en una tienda, en unas condiciones nada agradables.

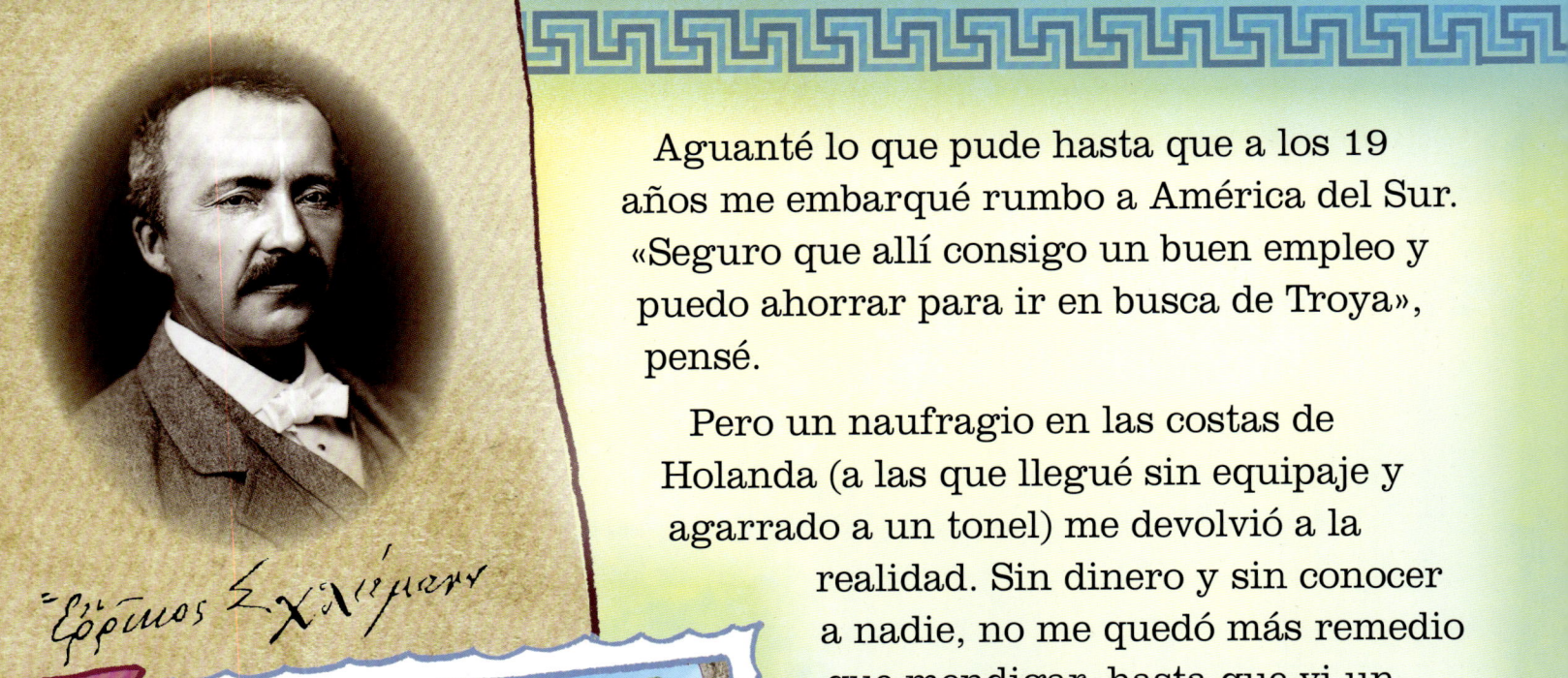

Aguanté lo que pude hasta que a los 19 años me embarqué rumbo a América del Sur. «Seguro que allí consigo un buen empleo y puedo ahorrar para ir en busca de Troya», pensé.

Pero un naufragio en las costas de Holanda (a las que llegué sin equipaje y agarrado a un tonel) me devolvió a la realidad. Sin dinero y sin conocer a nadie, no me quedó más remedio que mendigar, hasta que vi un letrero en el que ponía «Se necesita mensajero». Así fue como entré a trabajar en una empresa de comercio.

◀ Puerta de los Leones, Micenas

Logros de Schliemann

* No solo descubrió Troya sino que dedicó el resto de su vida a organizar congresos y eventos internacionales para dar a conocer al mundo lo que había encontrado en sus excavaciones.

* Sin tener formación académica, sentó las bases de la arqueología moderna, y sus libros y escritos pusieron de moda la Grecia Clásica.

* Su entusiasmo no acabó en Troya: siguió excavando, descubriendo también otras importantes ciudades de la Antigüedad como Micenas, Ítaca o Tirinto.

▲ Máscara de Agamenón

Gracias a mi disciplina en el trabajo y a mi facilidad para los idiomas, en poco tiempo pasé a ocupar un puesto importante y a ganar mucho dinero, parte del cual invertía en cursos sobre arqueología y libros escritos en otras lenguas.

Sabía que en Rusia podía hacer fortuna, así que aprendí ruso, hice las maletas y a los 36 años era millonario. Viajé a Grecia, donde conocí a mi mujer, Sofía, que se convirtió en mi compañera de aventuras, y me instalé en la zona de Asia Menor donde sabía que estaba Troya. Once meses después, la ciudad homérica surgió entre las ruinas, callando la boca a todos los que me tachaban de loco.

Schliemann halló en Troya un tesoro, al que bautizó como «el Tesoro de Príamo» (famoso rey troyano). Vistió a su mujer Sofía con las joyas y la inmortalizó en una foto que es todo un icono de la arqueología.

FRASES DE SCHLIEMANN

«No es mérito mío; todo consistió en seguir a Homero. Tan solo se necesitaba leer, creer… y luego, cavar».

«Las dificultades que encuentro a mi paso, lejos de hacerme renunciar, me dan ánimos para perseverar en la meta que me he marcado».

Homero

Isabella Bird (1831-1904)

Aunque le diagnosticaron una enfermedad que le afectaba a la espalda, esta exploradora, naturalista, escritora, fotógrafa y enfermera inglesa hizo la maleta… y se convirtió en una de las personas del siglo XIX que más kilómetros recorrió viajando por el mundo.

Mi nombre es Isabella Lucy Bird y nací en Yorkshire (Gran Bretaña), aunque pasé mi infancia recorriendo Inglaterra, pues a mi padre, que era pastor anglicano, lo destinaban continuamente de una vicaría a otra. De todos esos lugares ingleses en los que viví en mi infancia, el que más me gustó fue Escocia, cuyos parajes recorría montando a caballo junto a papá.

Me encantaba leer libros de viajes y fue en uno de ellos donde apareció ante mis ojos un dibujo de las montañas rocosas, en EE.UU. El impacto que me produjo esta imagen fue tal que me obsesioné con la idea de conocer ese lugar.

Pero entonces una lesión en la columna que padecía desde niña se agravó, y el diagnóstico de los médicos fue: «Tendrás que pasar el resto de tu vida en una silla de ruedas». Entonces decidí que mientras aún pudiera moverme, haría lo que más me gustaba en el mundo: viajar.

El dolor me hizo retrasar mis planes una y otra vez; cada vez estaba más triste y para animarme, mi querida hermana Henrietta me dio unos calmantes, me ayudó a hacer la maleta y me despidió cuando el barco que me llevaba rumbo a Hawái zarpó.

FRASES DE ISABELLA

«La gente de Hawái es más feliz que en otros lados. Me produce mucha alegría vivir entre personas cuyos rostros no están amargados por los vientos del Este o arrugados de tanto preocuparse por mantener las apariencias».

«Realmente, un buen caballo, un bonito terreno para galopar y un amanecer es lo que hace que un viaje sea agradable».

Logros de Isabella

* Dio tres veces la vuelta al mundo en una época en la que estos viajes no eran ni sencillos ni cómodos, y mucho menos para una mujer que viajaba sola.

* Se integró en las costumbres de los países que visitaba, intentado mejorar las condiciones de vida de sus habitantes, y realizó muchas obras benéficas.

* Fue la primera mujer en ser aceptada como miembro de la Real Sociedad Geográfica de Londres.

La experiencia en Honolulú fue increíble, y apunté miles de notas de todo lo que vi allí. Como me encontraba mucho mejor, dije: «¡Ahora o nunca!», y subí a otro barco, esta vez camino a las Montañas Rocosas. Ese lugar no solo no me defraudó sino que superó todo lo que había imaginado: ¡qué feliz fui allí! Pero pasados unos meses, tuve que volver a Inglaterra, para partir poco después hacia Asia. Allí me enteré de la muerte de mi querida hermana Henrietta; volví a casa y decidí aceptar la proposición de matrimonio de un antiguo pretendiente, el doctor John Bishop.

John Bishop

Cuando mi marido murió poco tiempo después, me quedé completamente sola. Decidí seguir viajando, pero ya no como turista o aventurera, sino para ayudar a otras personas, así que estudié enfermería y me fui a la India, donde fundé el hospital John Bishop, en honor a mi marido. Seguí viajando por Asia, descubrí los secretos de países como Japón y usé un aparato que se acababa de inventar, la cámara de fotos, para captar todas esas imágenes curiosas que me salían al encuentro. Pasé los dos últimos años de mi vida postrada en la cama, planeando un nuevo viaje que, desgraciadamente, no pude realizar.

> Isabella narraba con todo detalle a su hermana Henrietta todo lo que veía y las aventuras que vivía en cada uno de sus viajes. La extensión habitual de cada una de esas cartas era de… **¡116 páginas!**

Los viajes le dan a uno el privilegio de hacer las cosas más impropias con total impunidad.

Isabella Bishop

Roald Amundsen (1872-1928)

Aunque desde niño su sueño fue llegar al Polo Norte, su gran conquista fue alcanzar el Polo Sur, algo que consiguió gracias a muchos años de concienzuda y minuciosa preparación y a una expedición «a prueba de hielo y frío», en la que todo –¡hasta las recetas de cocina!–, estaba planificado al milímetro.

al Polo Sur

Soy Roald Amundsen y nací en Borge (Noruega) a finales del siglo XIX, en plena «polomanía». Os explico: en ese momento los dos polos, el Norte y el Sur, aún estaban sin explorar y muy pronto lo tuve claro: yo iba a ser quien los iba a descubrir. Y empecé a prepararme muy pronto: a los ocho años, ya ponía a prueba mi resistencia al frío bañándome en las gélidas aguas del invierno noruego y durmiendo en el suelo de mi habitación y con la ventana abierta.

Al principio, mis padres creyeron que lo mío era una locura pasajera, pero cuando vieron que pasaba el tiempo y que no solo no me olvidaba de mi «sueño polar», sino que cada vez ponía más empeño en conseguirlo –leí absolutamente todo lo que se publicó sobre las expediciones a los polos y me convertí en un experto esquiador–, intentaron por todos los medios que estudiara una carrera, «más que nada para que tengas un plan B por si lo de los polos sale mal», me dijeron. Fue así como entré en la Facultad de Medicina… que abandoné al morir mis padres, para enrolarme en un barco con la intención de aprender las técnicas de navegación.

Mi estreno como marinero acabó mal: el barco encalló entre los hielos de la Antártida, pero mientras el resto de la tripulación se lamentaba, yo me tomé el percance como un excelente entrenamiento para mi futura expedición, que ya no iba a ser al Polo Norte, porque surgió la noticia de que había sido descubierto (algo que no era del todo cierto, pues si bien unos exploradores lo habían divisado, nadie había puesto aún el pie en él) sino al Polo Sur, la misma idea que tuvo un explorador inglés, Robert Scott.

Cada uno nos pusimos en camino con nuestras expediciones: la suya, más técnica y sofisticada; la mía, más práctica y adaptada al terreno.

Roald Amundsen

Robert Scott

Logros de Amundsen

* Su gran hazaña fue llegar al Polo Sur y, también, la forma en la que lo hizo, con una estrategia preparada durante mucho tiempo en la que estaba previsto hasta el más mínimo contratiempo que pudiera surgir.

* Antes de su gran gesta, consiguió otra también muy importante: atravesar el Paso del Noroeste (Canadá) que, formando un dificilísimo laberinto de hielo e icebergs, unía los océanos Atlántico y Pacífico.

* También fue una de las primeras personas en pasar un invierno en la Antártida y el primero en sobrevolar el Polo Norte en globo.

Polo Sur

La carrera terminó el 14 de diciembre de 1911, cuando 34 días después Scott divisó a lo lejos una bandera noruega y una tienda de campaña.

Me convertí en un héroe y en un personaje muy popular. Cuando me enteré de que se preparaba una expedición al Polo Norte para encontrar los restos de un dirigible que había desaparecido, no dudé en apuntarme. Y fue ahí, en el Polo Norte, donde mi hidroavión y mi aventurera vida se perdieron para siempre.

FRASES DE AMUNDSEN

«Llevo toda la vida soñando con conquistar el Polo Norte y aquí estoy, tal día como hoy, conquistando el Polo Sur».

«Todo lo que he logrado ha sido fruto de una vida de planificación, de cuidadosa preparación y de trabajo duro y concienzudo».

«La victoria espera a quien tiene todo en orden, aunque la gente lo llama suerte».

«Querido capitán Scott...»

Cuando Scott y sus hombres llegaron al Polo y encontraron la bandera y la tienda de campaña de los noruegos, sus ánimos se vinieron abajo, aunque Amundsen tuvo el detalle de dejarles víveres y equipamiento para que la decepción fuera más llevadera, además de una carta en la que ponía:

Querido capitán Scott,
Como probablemente usted será el primero que alcance el Polo después de nosotros, puede usar cualquiera de las cosas que hay en esta tienda.
Roald Amundsen

69

Edmund Hillary
(1919-2008)

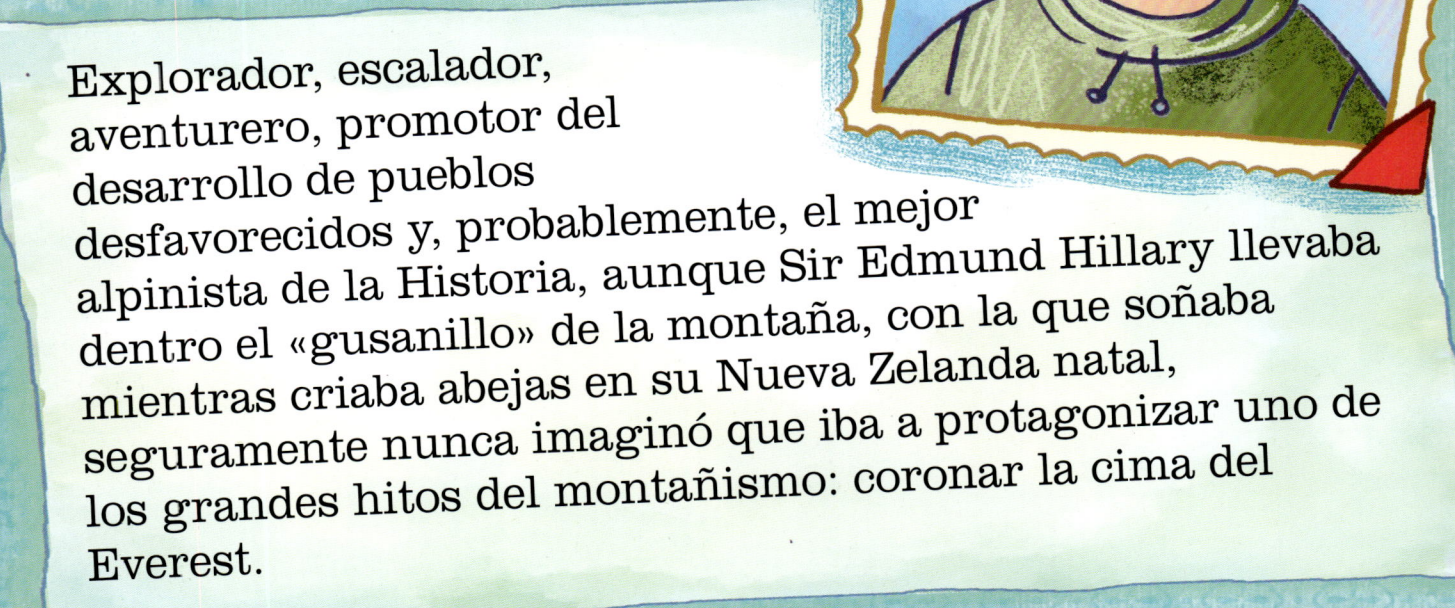

Explorador, escalador, aventurero, promotor del desarrollo de pueblos desfavorecidos y, probablemente, el mejor alpinista de la Historia, aunque Sir Edmund Hillary llevaba dentro el «gusanillo» de la montaña, con la que soñaba mientras criaba abejas en su Nueva Zelanda natal, seguramente nunca imaginó que iba a protagonizar uno de los grandes hitos del montañismo: coronar la cima del Everest.

Mi nombre es Edmund Percival Hillary y nací en Auckland (Nueva Zelanda). Mi familia se dedicaba a la cría de abejas y viví una infancia muy feliz y tranquila… hasta el día en que, en un viaje escolar, descubrí el monte Ruapehu, el volcán más grande mi país. Su visión hizo nacer en mí la que sería la pasión de mi vida: el alpinismo. Disfrutaba mucho escalando montañas y no quería hacer otra cosa, pero seguí el consejo de mis padres y estudié la carrera de Matemáticas y Ciencias en la Universidad de Auckland.

Aunque terminé mis estudios, nunca ejercí de matemático, sino que, junto a mi hermano, nos pusimos al frente de la empresa de apicultura de mi familia. Este trabajo tenía dos ventajas: me proporcionaba ingresos suficientes para sobrevivir y, sobre todo, me dejaba mucho tiempo libre para escalar. Mi fama como alpinista llegó a oídos del coronel John Hunt, que estaba preparando en Gran Bretaña una expedición para conseguir lo que otros muchos grupos de exploradores llevaban intentando desde principios del siglo xx sin éxito: alcanzar la cima más alta del planeta, el Everest.

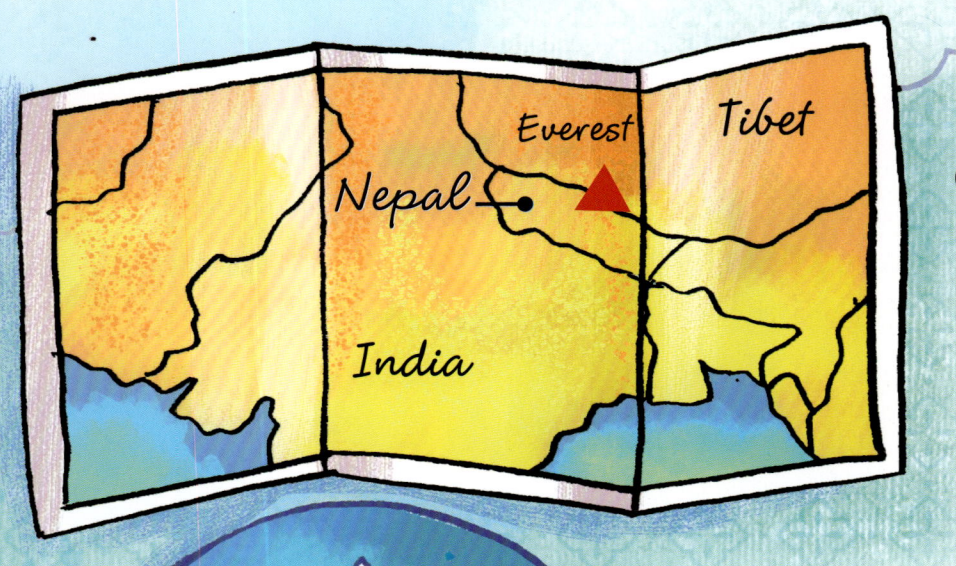

Hunt lo tenía todo planificado: su expedición estaba compuesta por técnicos, médicos, científicos, alpinistas (como yo) y un sherpa (personas de Nepal que ayudan a los escaladores a subir las montañas de la zona). El sherpa de este grupo se llamaba Tenzing Norgay y desde el principio nos hicimos muy amigos. El plan del coronel era que fueran dos miembros del equipo, un médico y el presidente del club de montaña de Oxford, quienes llegaran a la cima, pero cuando a estos les fallaron las fuerzas tuvo que recurrir a Tenzing y a mí.

Logros de Hillary

* Fue el primer hombre en alcanzar la cima del Everest, la montaña más alta del planeta, situada en la cordillera del Himalaya (Asia), con una altitud de 8.848 m.

* Participó en otras expediciones, como la subida a la montaña sagrada del Ama Dablan (Himalaya); cruzó la Antártida a bordo de tractores y sobrevoló en aeroplano el Polo Norte junto a Neil Armstrong (el primer hombre que pisó la Luna).

* Puso en marcha muchas iniciativas para ayudar a mejorar las condiciones de vida de los habitantes de los pueblos del Himalaya, una zona que ocupó un lugar muy importante en su vida.

Fue así como a las 11:30 de la mañana del 29 de mayo de 1953 alcanzamos el punto más alto de la Tierra. La noticia corrió como la pólvora y en cuanto descendimos de la montaña nos dimos cuenta de que nos habíamos convertido en unos héroes. En Inglaterra me dieron todo tipo de reconocimientos, entre ellos el título de «Sir» (caballero), pero no dejé que el éxito se me subiese a la cabeza y dediqué el resto de mi vida a organizar nuevas expediciones y a ayudar a los habitantes de los pueblos que conocí a fondo en mis viajes.

Edmund Hillary

¡Qué curioso!

Muchos malpensados dudaron de que Hillary hubiese realmente alcanzado el Everest y se basaban en un argumento muy tonto: que no salía en ninguna de las fotos que se habían hecho desde la cima. «La verdad, no se me pasó por la cabeza ponerme a posar en un momento tan emocionante como ese», contestó cuando le preguntaron al respecto.

FRASES DE EDMUND

«No conquistamos las montañas, sino a nosotros mismos».

«La gente no decide ser extraordinaria, sino lograr cosas extraordinarias».

«A pesar de que estaba en la cima del mundo, no fue el final de todo. Yo seguía mirando más allá, a otros retos interesantes».

Jacques Piccard
(1922-2008)

Entre la conquista del Everest y la llegada a la Luna hubo una hazaña igual de importante y trascendente: la que protagonizaron el oceanógrafo Jacques Piccard y el oficial de marina Don Walsh cuando se sumergieron hacia el punto más profundo del planeta, descubriendo las maravillas de la vida submarina. Por este y otros logros, a Piccard se le considera uno de los grandes exploradores del siglo xx.

Mi nombre es Jacques y mi apellido, Piccard, está asociado a importantes hazañas (no solo la mía), ya que mi padre fue también un inventor y explorador famoso. Pero hablemos de mí: nací en Bruselas (Bélgica) aunque mi familia era suiza, país en el que pasé la mayor parte de mi vida. Desde pequeño me acostumbré a estar rodeado de inventos y, también, de personajes importantes, pues mi padre era amigo de Albert Einstein y Marie Curie.

74

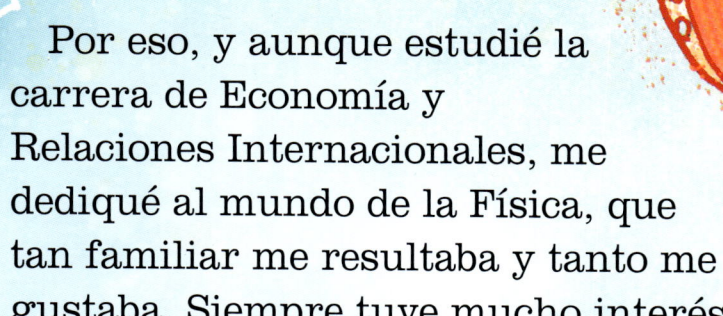

Por eso, y aunque estudié la carrera de Economía y Relaciones Internacionales, me dediqué al mundo de la Física, que tan familiar me resultaba y tanto me gustaba. Siempre tuve mucho interés por descubrir los secretos del fondo del mar, sobre todo desde que ayudé a mi padre a construir un batiscafo, que era un nuevo tipo de vehículo sumergible. «Seguro que si introduzco algunas mejoras en este invento puedo llegar al fondo del mar igual que los globos aerostáticos alcanzan grandes alturas en el aire», pensé. Y me puse a ello. ¿El resultado? El Trieste, un moderno batiscafo dotado con todo lo necesario para explorar los fondos marinos.

CHINA
JAPÓN
Fosa de las Marianas
FILIPINAS

Monte Everest
8.848 m

Fosa de las Marianas
10.911 m

Ya tenía el vehículo, y me faltaba un compañero para emprender mi aventura. Este fue Don Walsh, un joven teniente de la marina norteamericana, gran amante también de la oceanografía y que se puso al mando del Trieste. Fue así como el 23 de enero de 1960, en medio del Mar de Filipinas, en el Océano Pacífico, los dos nos metimos dentro del batiscafo y, llenos de nervios y emoción, empezamos a descender lentamente hasta alcanzar la Fosa de las Marianas, que es el punto más profundo del planeta.

¡Qué curioso!

Al igual que su compañero Piccard, Don Walsh ha dedicado el resto de su vida a estudiar y proteger el fondo del mar. Protagonizó la hazaña del Trieste con solo 28 años y desde entonces ha realizado más de 50 viajes a las regiones polares de la Tierra, publicó más de 200 obras sobre la vida submarina y actualmente realiza una intensa campaña para concienciar a la población y a los responsables de las políticas medioambientales del efecto negativo que el cambio climático está teniendo en los océanos.

Don Walsh

La inmersión, de 10.911 m de profundidad, duró cinco horas, durante las cuales tuvimos algún que otro sobresalto, como la rotura de una de las ventanas del Trieste, pero pudimos llegar al fondo y comprobar, durante los 20 minutos que permanecimos en él, los maravillosos –y hasta entonces, desconocidos– animales y plantas que habitan los fondos marinos. Después de esa experiencia, ni Don ni yo pudimos parar de investigar sobre lo que habíamos descubierto desde el batiscafo y también, de hacer lo posible para conseguir que todo el mundo tomara conciencia de lo importante que es cuidar y conservar los océanos.

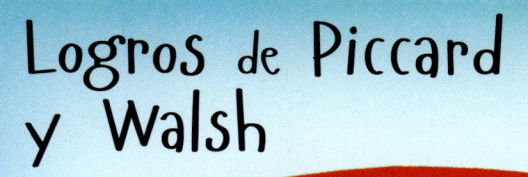

Jacques Piccard

Logros de Piccard y Walsh

* Fueron las primeras, y hasta ahora, las únicas personas que han logrado descender al punto más profundo de la Tierra.

* Recogieron muestras en el fondo del mar de más de 400 especies. Los científicos descubrieron que su ADN era igual al de los primeros habitantes del planeta.

* Piccard en 1969 batió otro récord al pasar un mes entero en inmersión analizando las corrientes del Golfo dentro de otro submarino construido por él.

FRASES DE PICCARD Y DE WALSH

«No hay duda alguna de que el hombre se encamina hacia la última aventura en los cimientos de la Tierra» (Jacques Piccard).

«De no haberme dedicado a la oceanografía me habría encantado ser astronauta» (Jacques Piccard).

«Ahora mismo el planeta se encuentra en una situación muy inestable, con el nivel del mar en aumento debido a los cambios climáticos y al derretimiento de los polos» (Don Walsh).

Armstrong, Aldrin y Collins

Cuando el 20 de julio de 1969 las televisiones de todo el planeta retransmitieron la imagen del astronauta Neil Armstrong (1930-2012) saliendo de la nave Apolo XI y pisando por primera vez la Luna, todo el mundo supo que estaba presenciando un hecho histórico. Pero Armstrong no fue el único; con él iban otros dos «héroes»: Edwin «Buzz» Aldrin (1930-…) y Michael Collins (1930-…). Los años de duro entrenamiento al que los tres se habían sometido en la NASA habían dado sus frutos.

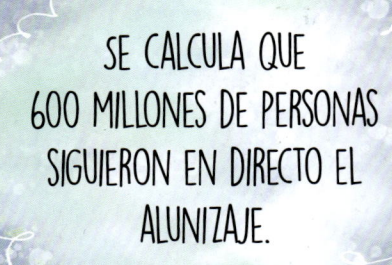

EL ORDENADOR DEL APOLO II ERA MUCHO MENOS SOFISTICADO QUE CUALQUIER APARATO ELECTRÓNICO DE HOY EN DÍA, INCLUSO UN RELOJ DIGITAL O UNA LAVADORA.

SE CALCULA QUE 600 MILLONES DE PERSONAS SIGUIERON EN DIRECTO EL ALUNIZAJE.

Sí, yo fui el primer hombre en poner el pie en la Luna, pero esa misión no habría sido posible sin el gran trabajo de mis dos compañeros: Aldrin y Collins. Los tres teníamos la misma edad en ese momento, 39 años, y nuestras vidas antes de protagonizar esa hazaña habían sido más o menos parecidas. Yo era ingeniero aeronáutico y al igual que mis colegas, fui piloto antes de pasar a formar parte del programa de entrenamiento de la NASA. Ese momento, las décadas de los años 50 y 60 del siglo XX, fue la edad de oro de la carrera espacial; los astronautas norteamericanos teníamos unos rivales muy buenos, los rusos, y había muchísimos proyectos en marcha. Pero el más importante de todos era conseguir llegar a la Luna.

CUANDO ALDRIN DESCENDIÓ DE LA CÁPSULA EAGLE TUVO QUE TENER CUIDADO DE NO CERRAR LA PUERTA TRAS DE SÍ, YA QUE ESTA NO TENÍA PICAPORTE EN LA PARTE EXTERIOR.

El primer paso fue el Proyecto Gemini, que además de ser clave para la misión del Apolo XI (así se llamaba la nave en la que alunizamos), fue el nexo de unión entre nosotros. Tras varios años de intenso entrenamiento, finalmente nos seleccionaron a los tres para tan importante misión. Cada uno tenía un papel muy definido: yo era el comandante de la nave; Aldrin era el piloto del módulo lunar (que se separaba de la nave mientras duraba la misión) y Collins era el piloto del módulo de mando, por eso él fue el único de los tres que no pisó la superficie lunar, sino que tuvo que seguir al mando de la nave mientras nosotros inspeccionábamos el terreno (una imagen que se retransmitió en vivo y en directo a las televisiones de todo el mundo). Yo salí primero y Aldrin después.

Logros de Armstrong, Aldrin y Collins

* La llegada del hombre a la Luna había sido el sueño de muchos científicos y exploradores desde hacía muchos siglos, y estos tres hombres lo hicieron realidad.

* Tanto el viaje como el análisis de las muestras que trajeron los astronautas a la vuelta de su misión aportaron datos muy valiosos para conocer mejor tanto la Luna como el resto del Universo.

* Los resultados de la misión del Apolo XI también permitieron avances muy importantes en otros campos, como la informática, las comunicaciones, la aeronáutica o la creación de nuevos materiales.

Andar por la Luna no era fácil, solo nos podíamos mover a saltitos, y así fue como hicimos los 'deberes' que nos había encargado la NASA: recoger todo el material posible (arena, rocas y poco más), instalar un reflector de rayos láser para medir la distancia con la Tierra y clavar en la arena la bandera de EE.UU. (que fue lo más difícil de todo, ya que la superficie lunar era durísima).

Cuando volvimos a casa fuimos recibidos como auténticos héroes y durante los dos años siguientes no paramos de viajar y de recibir homenajes. ¡Hasta dormimos en la Casa Blanca! Al principio fue divertido, pero poco tiempo después empezamos a agobiarnos, porque lo que de verdad queríamos los tres era que nos encargaran más misiones. Al fin y al cabo, para eso nos habíamos hecho astronautas, ¿no?

La huella del hombre en la Luna

Esta imagen es una de las más míticas de la llegada del hombre a la Luna. Se trata de una de las primeras pisadas de Aldrin sobre la superficie de nuestro satélite.

FRASES DE ARMSTRONG, ALDRIN Y COLLINS

«Este es un pequeño paso para el hombre, pero un gran paso para la humanidad» (Neil Armstrong).

«El corazón me latía a mil por hora, pero a la vez era consciente de que debía guardar la compostura. Queríamos hacer de la mejor forma la tarea que se nos había encomendado» (Buzz Aldrin).

«Desde los tiempos de Adán, nadie se había quedado tan solo como yo en el Universo» (Michael Collins).

OTROS EXPLORADORES

Hirjuf esculpido a la entrada de su tumba.

• **Hirjuf** (2300 a.C.- ?). Aventurero y experto navegante (se había entrenado en las aguas del Nilo), ocupó el cargo de funcionario en las cortes de los faraones Merenra I y Pepi II, de la sexta dinastía. Se le considera el primer explorador de la Historia de cuyas hazañas se tiene constancia por escrito (están narradas con todo lujo de detalle en su tumba). Hizo cuatro viajes importantes fuera de las fronteras del Antiguo Egipto y fue el primero en explorar el reino de Yam, conocido como «la tierra de los moradores del horizonte». Abrió nuevas rutas comerciales a través del desierto, evitando así los ataques de los asaltadores de caravanas de objetos de lujo.

EGIPTO

• **Piteas** (350 a.C.-285 a.C.). Navegante, explorador, matemático y astrónomo griego, cruzó el Mediterráneo en un barco de vela, descubriendo parte del litoral de la península Ibérica; después, atravesó Gran Bretaña y llegó a la península de Jutlandia (Dinamarca). Fue el primero en relacionar el comportamiento de mareas y los movimientos lunares y también en hablar de icebergs y auroras boreales, aunque cuando describió estos fenómenos, casi nadie le creyó, porque los narraba de una forma tan extraordinaria que muchos pensaron que se lo estaba inventando. Recopiló sus andanzas en su libro *Sobre el Océano*.

Posidonio

• **Megástenes** (350 a.C.-290 a.C.). Geógrafo, viajero y escritor griego, ocupó el cargo de embajador del rey sirio en la corte de Sandrácoto, en la India, lo que le permitió conocer este país con todo detalle. Visitó, entre otras, la ciudad de Madurai, una de las más importantes en aquel momento, y estudió el sistema de castas existente en ese país. En su libro *Indika* recoge todas sus expediciones por distintos lugares como los afluentes del río Indo, el Himalaya o la isla de Sri Lanka.

• **Posidonio** (135 a.C.-51 a.C.). Filósofo, astrónomo e historiador griego conocido como Posidonio de Apamea, fue discípulo de Eratóstenes, autor a su vez de la primera medición de la circunferencia terrestre, la cual Posidonio mejoró ideando un método que sirvió a muchos navegantes posteriores (entre ellos, Cristóbal Colón) para llevar a cabo hazañas tan importantes como el descubrimiento de América. Estudió a fondo las mareas y recogió las conclusiones a las que había llegado sobre ellas y también acerca de los múltiples estudios astronómicos que llevó a cabo sobre las medidas de la esfera terrestre en varios libros, de los que solo se conservan fragmentos.

- **Ragnar Lodbrok** (785-865). Aunque hay teorías que afirman que es un personaje ficticio, a medio camino entre la leyenda y la mitología vikingas, lo cierto es que existen datos que confirman que fue rey de Suecia y Dinamarca, pero su fama no se debe a su labor en el trono sino a sus campañas por el Báltico al frente de las tropas escandinavas y, sobre todo, a su conquista de París, ciudad a la que llegó cruzando la desembocadura del Sena y dirigiendo a los más de 5.000 hombres con los que llevó el poderío vikingo a tierras galas.

- **Al-Idrisi** (1100-1166). Noble musulmán, se formó intelectualmente en la ciudad de Córdoba, desarrollando una importante carrera como geógrafo y cartógrafo. Anotó todo lo que vio en los numerosos viajes que realizó por el sur de Europa, Oriente y el norte de África y su fama llegó a oídos del rey normando Roger II, quien estaba creando una corte de intelectuales y eruditos. El monarca no solo se convirtió en su protector sino que le hizo el encargo más importante de su vida: un mapamundi detallado con todas las tierras conocidas hasta ese momento. Este mapamundi (el primero de la Historia) y el libro en el que recogió tanto sus datos como los de los colaboradores que envió a distintas zonas del planeta, ha sido clave en la historia de los descubrimientos.

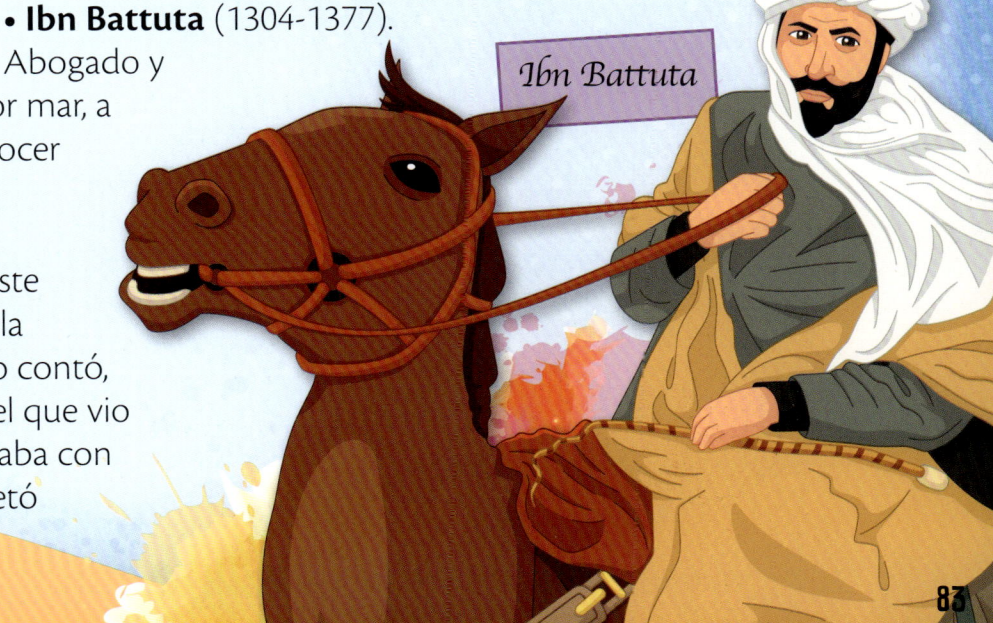

- **Ibn Battuta** (1304-1377). Abogado y explorador marroquí, sus viajes por mar, a pie o en camello lo llevaron a conocer una gran parte de los continentes descubiertos hasta entonces recorriendo más de 120.000 km. Este afán viajero se inició en su visita a la Meca y se reforzó, según él mismo contó, a raíz de un sueño que tuvo y en el que vio cómo un ave gigante lo transportaba con sus garras hacia el este. Lo interpretó como un encargo para que visitara a sus hermanos musulmanes de Oriente y fue así como inició una aventura (que en ocasiones le hizo vivir situaciones muy peligrosas) que le llevó a Europa, África y finalmente a la India y a la China. Todo ello está recogido en un libro que, por supuesto, lleva el título de *Viajes*.

- **Gil de Eanes** (1395-?). Fue uno de los muchos marinos que trabajaron en las numerosas expediciones que puso en marcha el rey portugués Enrique, llamado «el Navegante» precisamente por su política de expansión a través de los mares y océanos, que llevó a Portugal a convertirse en una importante potencia marítima en el siglo xv (los portugueses crearon, entre otras cosas, un modelo de barco llamado carabela). El rey le encargó a Eanes una de las misiones más difíciles en ese momento: doblar el Cabo Bojador, que estaba situado en la costa africana y era conocido como «el cabo del miedo» porque se pensaba que más allá de él no había vida humana y que sus aguas «se tragaban» literalmente a los barcos y a sus tripulantes. Eanes lo consiguió, «inaugurando» así oficialmente la Era de las Exploraciones.

- **Alvise Cadamosto** (1432-1488). Explorador, navegante y comerciante veneciano, la fama que alcanzó gracias a sus viajes por el norte de África, Creta y Alejandría hizo que Enrique el Navegante lo llamara a su corte y lo pusiera al frente de la importante expedición que tenía como objetivo explorar los territorios del África occidental. Fue así como descubrió las islas de Madeira y Canarias y territorios como Gambia y Cabo Verde. Cadamosto dejó un importante legado en forma de un libro en el que describe las costumbres, hasta entonces desconocidas, de los pueblos de esta zona.

- **Bartolomé Días** (1450-1500). Miembro también del «equipo» de Enrique el Navegante, a este marino y

Gil de Eanes

CABO DEL MIEDO

Alvise Cadamosto

Bartolomé Días

84

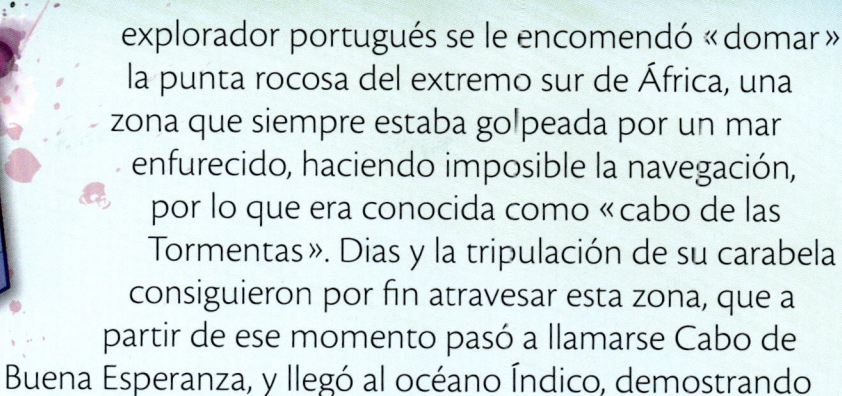

explorador portugués se le encomendó «domar» la punta rocosa del extremo sur de África, una zona que siempre estaba golpeada por un mar enfurecido, haciendo imposible la navegación, por lo que era conocida como «cabo de las Tormentas». Dias y la tripulación de su carabela consiguieron por fin atravesar esta zona, que a partir de ese momento pasó a llamarse Cabo de Buena Esperanza, y llegó al océano Índico, demostrando así que era posible seguir una ruta hacia la India rodeando el continente africano.

CABO DE BUENA ESPERANZA

- **Vasco da Gama** (1460-1524). Noble, mercader y explorador portugués, fue uno de los principales protagonistas de la Era de los Descubrimientos impulsada por el rey Enrique. Completó la hazaña de Dias y otros navegantes que le precedieron, navegando por las costas africanas, cruzando el Índico y explorando la costa oriental de África. Desde ahí, siguió las rutas comerciales que los árabes habían establecido en el océano Índico y fue así como llegó a la ciudad de Calicut y se convirtió en el primer europeo en alcanzar la India por mar, país con el que, a instancias del monarca, estableció importantes acuerdos comerciales. Como reconocimiento a sus hazañas y su labor diplomática, recibió el título de Almirante Mayor de las Indias y del Océano Índico.

Vasco da Gama

Primer viaje de Vasco da Gama

- **Lope de Aguirre** (1515-1561). Aventurero y conquistador español, marchó a los recién descubiertos territorios de Perú, donde además de participar en la fundación de distintas ciudades, intervino en numerosas revueltas civiles. Formó parte de la expedición que a lo largo del río Marañón se adentró en las profundidades de Sudamérica en busca del territorio conocido como El Dorado, una ciudad legendaria de la que se creía que estaba llena de minas de oro. Tras el chasco de la expedición, Aguirre se declaró en rebeldía contra la corona

Lope de Aguirre

española y conquistó por la fuerza la Isla de Margarita y otras localidades del litoral venezolano.

- **Willem Barents** (1550-1597). Explorador y navegante holandés, fue uno de los muchos europeos que se plantearon como objetivo encontrar una vía más rápida para llegar a las Indias Orientales, y pensaron que la mejor ruta para conseguirlo era lo que se conocía por el paso del Noroeste hacia Asia, atravesando las aguas de Canadá. Al igual que otros exploradores británicos, holandeses y escandinavos, Barents se puso a ello, fracasando en sus dos primeros intentos. Fue en su tercer viaje cuando, al redescubrir la isla de Spitsbergen y encallar su barco, lo que le obligó a él y a su tripulación a construir una cabaña y habitar durante una temporada en esa región (siendo los primeros europeos en hacerlo), encontró ese paso al norte que estaba buscando. Hábil cartógrafo y preciso meteorólogo, se le considera uno de los exploradores árticos más importantes.

- **Abel Tasman** (1603-1659). Explorador y comerciante holandés, su intensa trayectoria como marino hizo que pasara a formar parte de la plantilla de la Compañía de Indias Orientales Holandesas, donde fue ascendido al rango de capitán y cuyos responsables lo pusieron al frente primero de una expedición a Japón y después de una importante misión que tenía como objetivo explorar los por entonces desconocidos territorios del Pacífico sur. Fue así como él y su tripulación se convirtieron en la primera expedición europea en llegar a Nueva Zelanda y la Tierra de Van Diemen (actualmente Tasmania). Excelente cartógrafo, realizó una serie de importantes mapas de las zonas del suroeste del Pacífico y de la Costa de Australia.

- **Vitus Jonassen Bering** (1681-1741). Marino y explorador danés, su amplia experiencia como navegante por las colonias de las Indias orientales danesas y las Indias occidentales hizo que la marina rusa se fijara en él y lo «fichase». Recibió del zar Pedro I el encargo de dirigir la expedición Kamchatka, cuyo objetivo era comprobar si, como se creía, Asia y América estaban unidas por un puente. Tras atravesar el estrecho que hoy lleva su nombre, Bering demostró que no era así. Además de este importante hallazgo, sus expediciones aportaron numerosos datos sobre las especies animales y vegetales de las zonas de Kamchatka y Alaska, así como unos mapas muy gráficos de estas tierras.

Vitus J. Bering

- **John Ross** (1777-1856). Almirante y naturalista escocés, lideró dos importantes expediciones en el ártico organizadas por el Almirantazgo británico con el objetivo de encontrar el «famoso» paso del Noroeste y también de analizar las corrientes, los hielos y, sobre todo, el magnetismo característico de esa zona. Ross recorrió toda la costa occidental de Groenlandia y descubrió, entre otros territorios, la Isla del Rey Guillermo. Tanto por el éxito de sus expediciones como por todos los conocimientos científicos que aportaron sus travesías, Ross obtuvo un importante reconocimiento en su época. En muchas de sus expediciones participó el que sería su continuador, su sobrino James Ross, quien fue el descubridor del Polo Norte magnético, abriendo el camino a futuros exploradores en la zona como Peary.

John Ross

- **Buffalo Bill** (1846-1917). Su verdadero nombre era William Frederick Cody y además de convertirse en uno de los exploradores más famosos de Norteamérica fue soldado, cazador de bisontes y showman. Su gran habilidad como jinete y, sobre todo, cazando búfalos (fue el principal proveedor de carne de este animal de los miles de operarios de la compañía ferroviaria norteamericana), le permitieron

Buffalo Bill

87

participar activamente en la conquista del Oeste americano, lo que le sirvió de inspiración para montar un espectáculo en el que participaban indios, vaqueros y también búfalos, caballos y bisontes, con el que no solo recorrió su país sino también Europa, convirtiéndose en una celebridad. Fue también un importante activista a favor de los derechos de los indios norteamericanos.

• **Robert Peary** (1859-1920). Explorador y naturalista norteamericano, compartía con Roald Amundsen una obsesión: conquistar el Polo Norte y, como él, se preparó a fondo, enrolándose en la armada estadounidense y realizando hasta ocho expediciones al Ártico. Lo consiguió en la última de ellas, apoyado por un equipo muy bien preparado del que formaban parte experimentados esquimales dotados de perros y potentes trineos. Sin embargo, hubo muchas dudas respecto a su hazaña, porque no todo el mundo se creyó que hubiera sido capaz de ir desde su campamento al Polo y volver en solo 16 días. Por suerte para él, investigaciones posteriores demostraron que Peary tenía razón y que había logrado hacer realidad su sueño.

Robert Peary

• **Mary Kingsley** (1862-1900). Exploradora y escritora inglesa, era la fan número uno del Dr. Livingstone. A los 30 años, decidió invertir la herencia de sus padres en un viaje a África, con el objetivo de analizar las especies de ese continente. Recorrió el Congo, exploró el río Ogüé en canoa y a bordo de un barco de vapor; vivió durante una temporada con el pueblo fang y subió a la cima del monte Camerún. En su libro *Viajes por el África occidental*, además de realizar una interesante descripción de estos viajes, hace un llamamiento a los europeos y a otros occidentales para que dejaran de ver a los africanos como «salvajes» y empezaran a respetarlos, tanto a ellos como a sus costumbres.

Mary Kingsley

88

ÍNDICE ALFABÉTICO

A
Abel Tasman 86
Aimé Bonpland 47, 48
Albert Einstein 74
Alexander v. Humboldt 7, 8, 46-49
Al-Idrisi 83
Alonso de Ojeda 23
Alvise Cadamosto 84
Américo Vespucio 20
Atahualpa 25
Auguste Piccard 9

B
Bartolomé Dias 84, 85
Bjarni Herjulfsson 12
Buffalo Bill 87
Buzz Aldrin 9, 78-81

C
Carlos I 24, 28
Charles Darwin 7, 50-53
Christopher Hatton 37
Cristóbal Colón 5, 13, 18-21, 27, 82
Cuauhtémoc 32

D
David Livingstone 6, 54, 88
Diego de Almagro 24, 25
Diego Velázquez Cuéllar 31, 32
Doménico Colombo 18
Don Walsh 9, 74, 76, 77

E
Edmund Hillary 9, 70-73
Edwin «Buzz» Aldrin 78, 79
Enrique el Navegante 84, 85
Eratóstenes 82
Erik el Rojo 10

F
Fernando de Magallanes 5, 26-29, 36
Fernando el Católico 20
Francisco Pizarro 5, 22-25, 30
Francis Drake 8, 34-37

G
Gil de Eanes 84
Gonzalo de Córdoba 23

H
Heinrich Schliemann 8, 58-61
Henry M. Stanley 57
Hernán Cortés 5, 30-33
Hirjuf 82
Homero 8, 59, 61

I
Ibn Battuta 83
Isabel I de Inglaterra 34, 36
Isabella Bird 8, 62-65
Isabel la Católica 20

J
Jacques Piccard 9, 74-77
James Cook 6, 42, 44-45
James Ross 87
John Bishop 64, 65
John Hawkesworth 45
John Hawkins 35
John Henslow 51
John Hunt 71, 72
John Ross 87
John Smith 5, 38, 40, 41
Juan Sebastián Elcano 28, 29

K
Kublai Kan 16

L
Leif Erikson 6, 10-13
Lope de Aguirre 85

M
Manuel I 28, 29
Marco Polo 4, 6, 14-17, 27
Marie Curie 74
Mary Kingsley 88
Mateo Polo 15
Megástenes 82
Merenra I 82
Michael Collins 9, 78-81
Moctezuma 5, 32, 33
Motoaka 40

N
Napoleón Bonaparte 47
Neil Armstrong 9, 72, 78-81
Nicolás Polo 15

O
Olaf Tryggvason 13

P
Pedro I 87
Pepi II 82
Piteas 82
Pocahontas 5, 40
Posidonio 82

R
Ragnar Lodbrok 83
reina Victoria 56
rey Olaf 11
Roald Amundsen 6, 66-69, 88
Robert FitzRoy 51
Robert Peary 87, 88
Robert Scott 7, 68, 69
Roger II 83
Rustichello de Pisa 16

S
Sandrácoto 82
Sofía Schliemann 61

T
Tenzing Norgay 9, 72
Thorvaldsson 10, 11

V
Vasco da Gama 85
Vasco Núñez de Balboa 23
Vitus Jonassen Bering 87

W
Willem Barents 86